種籽
文化

種籽文化

「說話容易，但要把話說好卻不是那麼簡單。」

說別人想聽的話，就對了！

你只要記住一個重點，
那就是：說別人想聽的話，不要說自己想說的話。

阿瑞斯 著

卡耐基說：「好口才是社交、事業與生存的需要，
它不僅是一門學問，還是你贏得事業成功的資本。」

只要把握好說話的分寸，你就掌握了開啟成功之門的鑰匙。

能說話不等於會說話，會說話不等於懂分寸，

只有把握說話的分寸、力度，才能把話說到人的心坎兒上，才能達到「一語驚起千層浪」的效果！

目錄

014 前　言

017 第一章　語言充滿智慧，勝負就在開口之間

在生活中，有的人屢次碰壁，一無所獲，默默無聞，而有的人卻可以如魚得水，一帆風順。這其中的差別就在於後者掌握了說話的智慧。自古就有「財富來回滾，全憑舌上功」的說法。語言是人類進化演變過程中醞釀出來的一朵奇葩。因為在人類前行的歷史中，會說話所起到的作用絕不僅僅是交流和溝通，更是展示才華，實現理想，成就人生的一項技能，一種手段，一種需要。因此，說話的技巧，語言的智慧將決定一個人在當今社會中的勝負成敗。

018 語言是成功的先行官

022 會說話才能辦好事

027 發揮語言魅力，贏得更多機遇

第二章 累積素材，說話要言之有物 049

厚積才能薄發。戰國時期的大教育家荀子在《勸學》中提到：「不積跬步，無以至千里，不積小流，無以成江海」。沒有誰一生下來就有好的口才，話多不多，會說不會說，可能會與先天的遺傳因素有關，但絕大多數口才好的人都是通過後天的學習、累積和培養而成功的。知識是說話的資本，話說得如何，都與知識有關。一個知識貧乏的人，不可能展開豐富的談話。如果與他人長時間的交談，必然會內容空洞，枯燥乏味。要想擁有好的口才，講話言之有物，就一定要擴充你的知識領域。

身在職場，面對主管，每一個人都要通過說話辦事來接受主管的檢驗；面對同事，每一個人都要處理好與同事之間的關係，如何才能做到在職場中說話辦事如魚得水、遊刃有餘呢？其實，只要我們學會彈性說話，懂得說話的技巧，那麼我們一定能夠說話得體、辦事得當，就一定能夠與主管、同事建立和諧融洽的關係。

第四章 說話把握分寸，深淺適度 113

中國人自古就講究說話尺度和辦事分寸。古人說：「遇沉沉不語之士，且莫輸心；見悻悻自好之人，應須防口。」世事洞明皆學問，人情練達即文章。可見，不管是與人說話、與人交往、與人辦事，都蘊含著分寸的玄機。說話有尺度，交往講分寸，辦事講策略，行為有節制，別人就很容易接納你，喜歡你，幫助你，尊重你。反之，你若不懂分寸，說話冒失，辦事不講原則，舉止失體，不識深淺，不知薄厚，就會人人討厭，時時難過，事事難為，處處碰壁。說話的尺度和辦事的分寸類似於一匹寶馬，駕馭好了可以日行千里，幫你衝鋒陷陣；駕馭不好，就可能讓你摔跟頭，甚至踢傷別人。

第五章 沉默是一種更有殺傷力的語言

沉默是一種成熟；沉默是一種美德；沉默是一種智慧；沉默是一種魅力……沉默就像樂譜上的休止符，運用得當作用無窮，真正達到以無聲勝有聲之效。但一定要運用得體，不可不分場合，為了故作高深而濫用沉默。而且，沉默一定要與語言相輔相成，不能截然分開。沉默決不意味著嚴肅和冷漠，只有在傾聽當中適當的運用沉默，才能獲得最佳效果。在人際交往中，沉默是一種難得的心理素質和可貴的處事之道。因此，我們要學會沉默是金的說話技巧。

第六章 激起說話的興趣，話不投機半句多

說話是語言實踐的重要工具，在人際交往中發揮著不可忽視的作用。因此，與人交往時離不開說話。要想成為一個受歡迎的人，要想能夠很快的結交朋友，就要能夠激起對方說話的興趣。任何情緒的產生，都離不開共鳴效應，你與互動的一方產生了統一性，體會到了對方就會與對方產生共鳴，就能夠與對方更進一步的交流。「話不投機半句多」，因此在與人交往時，一定要注意激起對方說話的興趣，與對方產生共鳴。

第七章　思維敏捷，用語言扭轉乾坤 201

人生如戰場，聰明的人總能把事辦得恰到好處；人生如舞台，有頭腦的人總能把話說得滴水不漏。一個人能不能在人際關係上隨機應變，重要的是看他在說話時思維是否敏捷。一個人能不能在社會上左右逢源，重要的是看他在辦事時有沒有靈活的頭腦。說話辦事要多動腦筋，隨機應變，這樣才能在社會上左右逢源、遊刃有餘，才能成為一個說話辦事的高手。

第八章　嚴詞將人說服，柔語化解衝突 231

俗話說：「一句話說得讓人跳，一句話說得讓人笑。」同樣的目的，但表達方式不同，造成的後果就不太一樣。說話要分場合、要有分寸，最關鍵的是要得體。不卑不亢的說話態度，優雅的肢體語言，活潑俏皮的幽默，這些都屬於語言的藝術。因此，要懂得語言的藝術，該嚴厲時則嚴厲，該溫柔時則溫柔，只有掌握這樣的分寸，運用嫻熟的語言藝術，你的生活才會更成功。

第九章 改變說話方式，讓別人樂意幫你

人活著就不可能無事，大事、小事、喜事、愁事、煩心事……這些事是不為我們意志所轉移的，我們必須面對，必須解決。想解決一些難辦的事，你還必須學會求助於人，必須學會求人的方式和方法，達到讓人樂意幫你的目的。因此，在說話辦事時要隨機應變，善於改變說話的方式。幽默的話題，通常能引起人感情上的愉悅；嚴肅的話題，通常會令人緊張萬分。會辦事的人，會適時的改變說話方式，能夠把各式各樣的事情辦得盡善盡美；會辦事的人，人生總是一帆風順，能夠獲得偉大的成就。

前言

大千世界，芸芸眾生，為何有人能夠平步青雲，扶搖直上？而有的人卻懷才不遇，鬱卒而終？答案或許只有一個，那就是：單憑自身的知識與智慧，並不足以讓你揚名天下，取得成功。在這個交流日益頻繁，關係日趨複雜，競爭日漸激烈的資訊社會中，成功必須以良好的人際關係作為前提和保證。想要擁有好人緣，建立良好的人際關係就要有一張能言善辯的嘴。

在日常生活、工作中都離不開說話，口才的好壞無疑已成為一個人生活和事業優劣勝敗的重要因素。無論何時何地，「詞不達意」會給你帶來許多的麻煩，比如，使人誤解、與人結怨。在社交場上，你也許由於不能隨機應變和詞不達意而窘態百出；在大庭廣眾的演講中，你也許未能訴之以理、動之以情，而無法收到預期的效果；在談判中，你也許無驚人之語和擊敗對手的絕招而不能夠取勝；在激烈的商場競爭中，你也許無美言和動人的外表而失去成交的機會；甚至在婚姻、戀愛、家庭上，你也許因為沒有甜言蜜語而得不到對方的垂青，或者無法讓自己的家庭幸福美滿。總之，假如你注意觀察的話，就會發現：生活中，出言不當，會讓你四面楚歌；用語妥貼則能使你左右逢源。

古往今來，歷史的長河早已給我們留下了許許多多的明證。君不見，國際風雲中，一場舌戰，可免刀兵相見；主管會議上，幾句妙語，令人熱血沸騰；商海搏浪時，一段利詞，可得資財億萬；社交場上，一席懇談，讓人如沐春風！這就是語言的力量，這就是社交公關的妙用！只要你掌握了其中的訣竅，你的伶牙俐齒自會把你推向事業的巔峰！

本書有針對性地教給讀者如何講誠實坦率的話，情感真摯的話，讚美激勵的話，充滿哲理的話，理解寬容的話以及激將的話，幽默的話的妙技和高招。在日常生活中，要想把話說得明白、說得得體、說得完善、說得出色，就必須學習和掌握這些基本的技巧。學會了這些方法和技巧，你就能夠成為一個說話的高手。

本書將教會你在不同的場合與不同的人交談時，如何在最短時間內引起對方的興趣，打動對方，掌握對方的心態，使你在面對各式各樣的人時，都能應對自如。當你翻閱本書之後，你會發現說話的魔力超乎你的想像，當你已能口若懸河、應對自如時，你會發現你離成功已經越來越近了。本書內容是古今中外口才經驗與智慧的總結、歸納和提煉、昇華，其中許多實用性強的技巧，都是經過成功人士的實踐和錘煉，相信廣大讀者經過閱讀和揣摩，一定能夠大大提高自己的說話水準，也能夠像許多成功人士一樣，說出入耳動聽、打動人心的話。

第一章

語言充滿智慧，勝負就在開口之間

在生活中，有的人屢次碰壁，一無所獲，默默無聞，而有的人卻可以如魚得水，一帆風順。這其中的差別就在於後者掌握了說話的智慧。自古就有「財富來回滾，全憑舌上功」的說法。語言是人類進化演變過程中醞釀出來的一朵奇葩。因為在人類前行的歷史中，會說話所起到的作用絕不僅僅是交流和溝通，更是展示才華，實現理想，成就人生的一項技能，一種手段，一種需要。因此，說話的技巧，語言的智慧將決定一個人在當今社會中的勝負成敗。

語言是成功的先行官

俗話說：「世事洞明皆學問，人情練達即文章。」人生就像是一個廣闊的舞台，每個人都要承受著生活所帶來的壓力，也都強烈地渴望事業的成功與輝煌，生活的幸福與美滿；每個人都要隨著生活情境的變化扮演不同的角色，無論扮演哪一個角色，要想脫穎而出，就要在說話的智慧和辦事的技巧方面找到正確的方法，因為語言是成功的先行官，只有掌握了語言的智慧才能成為社會認同，主管賞識，下屬擁戴，同事喜歡，朋友樂於相助的人！

智慧的語言在於會說話。在日常生活中，會說話將是你升遷的階梯，成功的平台。會說話的人能把一般的話題講得引人入勝；嘴笨口拙者即使講的內容非常好，聽起來也會覺得索然無味。會說話是打開成功大門的一把鑰匙，可以帶來意想不到的效果，會說話的能力，可以成就一個人一生的財富！

人們都知道《戰國策》裏馮諼為孟嘗君「千金買義」的故事：

馮諼趕著車到達齊都臨淄，一早就求見孟嘗君。孟嘗君以馮諼的迅速返回為奇，穿好衣服戴好帽子見他，問：「債全都收完了嗎？怎麼會這麼快？」馮諼說：「全都收了。」「買什麼回來了？」馮諼說：「我私下考慮您宮中充實珍寶，獵狗、駿馬充實於外面的馬房，美女充實於堂下陳放財物、站列婢妾的地方；您家裏所缺的，是『義』這種東西罷了！我私自為您買了『義』。」孟嘗君說：「怎麼買『義』？」馮諼說：「現在您有小小的薛地，不安撫百姓，以薛地百姓為己子，憑藉商賈之道取利於薛地的百姓。我私自假造您的命令，把債款賞賜給眾百姓，順便燒掉了契據，百姓歡呼『萬歲』。這就是我用來為您買義的方式啊。」一年後，孟嘗君被流放回封地薛。距離薛地還有百里沒到，薛地的人民扶老攜幼，在路上迎接孟嘗君。孟嘗君回頭看著馮諼，然後說：「先生替我買『義』的道理，今天才見到了。」

馮諼和孟嘗君的故事是千古流傳的美談，是古往今來有識之士人人皆知的名篇。兩人之間的故事顯示了孟嘗君睿智大度、善馭人才的領袖風度，更顯示了馮諼高瞻遠矚，謀略深遠的戰略家魅力。馮諼的成功除了依仗他的政治謀略，更是依靠他的言辭，因為語言是思想的載體，沒有出色的語言技巧，深刻的語言智慧，就無法達成所願，打動對方來實現目的。

由於英、法兩國之間的戰爭，法國大作家伏爾泰差點死於非命。恰逢這樣一個兩國交戰的時刻，正在法國旅行的伏爾泰被一群英國人抓了起來。出於狹隘的民族情緒，憤怒的英國人非要絞死他。就在千鈞一髮的時刻，站在絞架前的伏爾泰從容地說了一句話：「那麼，能不能讓我這個即將告別人世的人說幾句心裏話？」英國人答應了。伏爾泰立刻發表了如下演說：「作為法國人的我一直在幻想著，幻想著能成為一名高貴的英國人，但我努力了一輩子也沒能實現，天呀！對於不幸的我，如此懲罰難道還不夠嗎？」僅此一句，在場的英國人都笑了，伏爾泰也因此平安脫險。

這就是語言的力量。語言是一個人開掘成功的道路，是捕捉人生良機和獲取各種利益的特殊工具。說話有智慧，許多利益就隨之而來。因為在這個熙來攘往的世界上，利益的流動方向總是隨著某些人的願望和意思而見諸端倪。而表達願望和意思的工具就是語言，所以那些說話水準高的人總能達成所願，把各種利益順理成章的聚攏到對他有利的方向來。

會說話才能辦好事

古諺有云：「一言以興邦，一言以喪邦。」一句話說得好不好、對不對，大則可能影響國家社稷的命運，小則影響人際關係正常與否。在現代社會生活中，人與人之間及人與社會之間的關係相當密切，所以社會交往也是不可缺少的。隨著人們互相合作機會的進一步增加，人們的語言表達能力，顯得更加重要了。一個會說話的人，可以流利地表達出自己的意圖，也能夠把道理說得十分清楚、動聽，使別人能夠樂意地接受。有時候還可以立刻從問答中測定出對方語言的意圖，從對方的談話中得到一些啟示，瞭解對方，與對方建立起良好的友誼。會說話是一個人提高辦事能力的必要手段。辦事時對話的語言，表達的水準能夠傳達很多種不同的內容，能夠從表達的方式決定你辦事能力的高低。要把事情辦得好還應考慮怎樣才能使對方產生興趣、易於理解、給予支援，並根據對方的各種回饋資訊，遊刃有餘地來調整自己的方式，如此才能在社會交往中如魚得水。

孔明的舌戰群儒，蘇秦的縱橫捭闔，都是用語言的力量，曉之以理，動之以情，使被動局面轉為主動。在我國歷史上，有很多口若懸河、能言善辯之士，憑著一張劍舌，活躍在當時的政治舞台上，他們有的勸阻戰爭，化干戈為玉帛；有的怒斥奸佞，以正氣壓倒歪風；有的巧設比喻，以柔克剛，爭取盟友；有的反唇相譏，綿裏藏針，瓦解敵陣。

乾隆稱帝的時候，全國聞名的大才子紀曉嵐，深受皇上的賞識。有一天，乾隆宴請大臣。大臣們吃得十分開心，喝得也非常暢快。此時，這位愛賣弄學問的乾隆又詩興大發了，他出了上聯：「玉帝行兵，風刀雨箭雲旗雷鼓天為陣。」乾隆皇帝要求百官對下聯，結果對不上來。乾隆皇帝這下更來興致了，竟然沒人能對得上。他想顯示自己的才華，於是，便點名要紀曉嵐回答，想讓這位大才子在眾多大臣面前出醜。然而，讓乾隆皇帝出乎意料的是，紀曉嵐卻把下聯對上來了：「龍王設宴，日燈月燭山餚海酒地當盤。」話音未落，群臣們都已相繼發出讚嘆不已的聲音，似乎是紀曉嵐為他們解了圍、出了氣似的。乾隆皇帝聽後，卻不怎麼高興了。他面有怒色，一時沉吟不語，大家頗為納悶。鑒此，紀曉嵐知道是自己得罪了皇上，便緊接著又說：「聖上為天子，所以風、雨、雲、雷都歸你調遣，威震天下；小臣們都是酒囊飯袋，因此希望連日、月、山、海都能在酒席之中。可見，聖上是好大神威，而小臣只不過是好大肚皮而已。」乾隆一聽，便立即露出了笑臉，連忙表揚並說：「儘管飯量甚好，但若無胸藏萬卷之書，又哪有這麼大的肚皮。」

由於對聯對得相當的好。乾隆出的上聯顯示出了一代帝王的豪邁氣概，不料紀曉嵐下聯一出，十分工整，顯示不出乾隆上聯的才氣。乾隆一聽，自然感到有些不愉快。幸好，紀曉嵐能夠及時地發現並及時地為自己開脫，有意識地抬高乾隆，貶低自己。自然，君臣一唱一和，大家都高興。人有會說話的能力是好，但是話要說到正處，說到關鍵點上，就像紀曉嵐一樣，當乾隆不高興時，又說了一句解決尷尬的話，這才能顯示出一個人是否真正地會說話。

在人際交往中，誤解、爭論、爭執、僵局會常常遇到，如果處理不當，會成為人際關係的腐蝕劑。良好的應變能力，巧妙的語言是化解爭執和僵局的一劑良藥。

清末的大太監李蓮英為人機靈、嘴巧，善於取悅於慈禧，這種機靈常常為慈禧和下屬解脫困境。慈禧愛看京戲，常賞賜藝人一點東西。一次，她看完著名演員楊小樓的戲後，把他召到眼前，指著滿桌子的糕點說：「這一些賜給你，帶回去吧！」楊小樓叩頭謝恩，他不想要糕點，便壯著膽子說：「叩謝老佛爺，這些尊貴之物，奴才不敢領，請……另外恩賜點……」「要什麼？」慈禧心情高興，並未發怒。楊小樓又叩頭說：「老佛爺洪福齊天，不知可否賜個字給奴才。」慈禧聽了，一時高興，便讓太監捧來筆墨紙硯。慈禧舉筆一揮，就寫了個「福」字，站在一旁的小王爺，看了慈禧寫的字，悄悄地說：「福字是『示』字旁，不是『衣』字旁的呢！」楊小樓一看，這字寫錯了，若拿回去必遭人議論，豈非有欺君之罪，不拿回去也不好，慈禧一怒就要自己的命。要也不是，不要也不是，他一時急得直冒冷汗。氣氛一下子緊張起來，慈禧太后也覺得挺不好意思，既不想讓楊小樓拿去錯字，又不好意思再要回來。旁邊的李蓮英腦子一動，笑呵呵地說：「老佛爺之福，比世上任何人都要多出『一點』呀！」楊小樓一聽，腦筋轉過彎來，連忙叩首說：「老佛爺福多，這萬人之上之福，奴才怎麼敢領呢！」慈禧正為下不了台而發愁，聽這麼一說，急忙順水推舟，笑著說：「好吧，隔天再賜你吧。」就這樣，李蓮英為二人解脫了窘境。李蓮英的應變巧在借題發揮，將錯就錯。對於錯誤生硬地扳正或否認，都是不圓融的做法，借力使力把錯誤說「圓」，方見應變的機智。

會說話的人，說得使人佩服，通常能夠使一個人的地位抬高許多，就算是胸無半點常識的人，一般來說，由於會說話，別人都認為他是個能人。當然，並不是說如果一個人只要會說話，就可以應付一切事情，主要是由於如果具備很好的說話能力，不管是立身處世，還是交友待人，都一定會給你許多幫助。會說話就是使用恰當的語言，豐富的措辭，完美地表達出自己的觀點、想法，社會雖然錯綜複雜，人事雖然盤根錯節，但是我們依然可以透過這紛繁的人間萬象尋找到辦事的規律，只要你會說話就是你成事的通行證。

發揮語言魅力，贏得更多機遇

美國人類行為科學研究者湯姆士指出：「**說話的能力是成名的捷徑。它能使人顯赫，鶴立雞群。能言善辯的人，往往使人尊敬，受人愛戴，得人擁護。它使一個人的才學充分拓展，事半功倍，業績卓著。**」他甚至斷言：「發生在成功人士身上的奇蹟，一半是由口才創造的。」

在古今中外的歷史上，這樣的例子很多。戰國時的蘇秦與張儀之所以流芳千古，就因為他們說話水準高超。

毛遂自薦是一個非常著名的歷史故事，人們通常讚揚欣賞的是毛遂的勇氣，往往忽視了毛遂的智能，尤其是他的談話智能。要知道，敢於自薦是勇氣，但是能夠自薦成功為自己贏得機遇靠的是毛遂出色的語言藝術了。在楚國的宮殿上，毛遂一開始就單刀直入，抓住楚王妄自尊大的心理，指出楚王所依仗的不過是楚國的人多勢眾。緊接著用事實指出真正的霸者是不計較出身的，他們能夠打敗強大的敵人，成就自己的偉業。而楚王坐擁雄厚的資本，卻三次被秦國將領白起打敗，這是天大的恥辱啊。以此來激發楚王的雄心，令其躊躇滿志，並且指出了「合縱」是對楚國有利的事情。最後，楚王終於答應歃血為盟。毛遂以咄咄逼人的語言氣勢，有理有據的說理分析，終於名揚天下，讓楚王不得不佩服。

在處世溝通中，如何發揮語言的魅力說服對方，為自己贏得更多的機遇，需要掌握最好的武器和技巧，在某些場合也要運用毛遂這種直陳利害，促使對方醒悟的說話方法，講事實擺道理，冷靜的分析、全面而深刻的判斷，才能使對方醒悟，進而接受自己的看法。

在現代生活中，我們有時會不小心陷於窘迫的境地，也常常會遇到一些別有用心者的刁難。這時，我們又應該怎樣說話？說話時又應該注意哪些問題呢？其實，最重要的就是要保持情緒上的冷靜、鎮定，明辨事理，說話得體；應該直言不諱的，不能含糊其辭；應該巧妙回答的，就要語出驚人，意味深長。

明末年間，闖王李自成進北京，將吳三桂的愛妾陳圓圓給捉拿到大營。李自成目光一掃陳圓圓的芳容，不由得心中一動，暗自道：「果然是個天生尤物，難怪吳三桂要為她拚命！」坐一旁的劉宗敏也被陳圓圓的姿色迷住了。這種「禍水」絕不能留。李自成對侍衛說：「把她拉出去，勒死！」陳圓圓不等侍衛動手拖扯，自己站了起來，面對李自成，看他一眼，微微冷笑一聲，然後轉身就走。陳圓圓的這一看一笑，把李自成的心給勾住了。李自成大喝一聲：「回來，妳笑什麼？」陳圓圓聽到闖王喝聲，就又跪下，說：「小女子早聞闖王威名，以為是位縱橫天下，叱吒風雲的大英雄，想不到……」「想不到什麼？」闖王問。「想不到大王卻會畏懼一個弱女子！」「我怎麼會畏懼妳？」「大王，小女子出身良家，墮入煙花，飽嘗風塵之苦，實屬身不由己。初被皇親霸佔，後被吳總兵奪取，大王手下劉將軍又圍府將小女子搶來，皆非小女子本意。請問大王，小女子自身又有何罪過？大王仗劍起義，不是要解民於倒懸、救天下之無辜嗎？小女子乃無辜之人，大王卻要賜死，不是畏懼小女子又作何解釋呢？」李自成被陳圓圓這一席話問住了，許久不能回答。他抬起手和聲道：「妳且起來說話。」陳圓圓又陳述了殺她與不殺她的利害得失：「現在，大王如果把我這小女子殺戮對大王毫無益處，卻必定激起吳總兵更強的復仇心，吳總兵必會日夜兼程，追襲不休；如果大王饒小女子一命，小女子必感念大王不殺之恩德，保證讓吳總兵滯留京師，不再追襲大王……」李自成被說服，沒有殺陳圓圓，且好生待她。最後，她又重歸吳三桂。

陳圓圓於生死關頭沒有向闖王討饒示弱，而是運用巧妙的語言，憑藉自己的機智善辯，贏得了求生的機會，最終保全了自己的性命。

城池可以摧毀，但人心不折服，敵將可以抓獲，但志氣不奪取。我們要運用語言的智慧，發揮語言的魅力，使語言的力量攻取人心，用理來說服，用感情來打動，用義來引導，用威來懾服，為自己贏得更多的機遇。

發揮語言的魅力，能夠開闊我們的心胸，擦亮我們的眼睛，使我們在人際交往中如魚得水、遊刃有餘；發揮語言的魅力，我們就能夠懂得在恰當的時候說出恰當的語言，避免各種尷尬、誤會與無謂的爭論；發揮語言的魅力，我們將會擁有更多的朋友和減少更多的敵人；發揮語言的魅力，我們將不會再為下級對自己敬而遠之而苦惱，為上司對自己視而不見而氣餒，為同事對自己冷淡而傷懷。

總之，精通說話的技巧，發揮語言的魅力，我們就能贏得更多的尊重與愛戴、好感與青睞、信任與友誼、機遇和挑戰！

語言彰顯個人修養

中華民族自古以來就被稱為「禮儀之邦」，文明禮貌是中華民族的傳統美德。到了近代，更應該被好好的繼承和發揚光大。人們常常把眼睛比作心靈的窗戶，因為人的感情往往會從眼睛裏流露出來。而語言也是內心世界的視窗，每個人的談吐可以展現自身的性格、修養等等；所以說，語言是個人修養的標誌。一個具有良好修養的人絕不會因為腳踏車相撞的小事與人爭吵，甚至大打出手。和語言文明的人說話、共事，彼此都能夠真誠相待，更好的交流，甚至還可以起到事半功倍的效果。

語言交流能夠展現一個人的性格、氣質、能力等。其表現形式是多式多樣的，或達觀開朗、或寬容忍讓、或微言大義、或義正辭嚴、或一言九鼎、或儀態萬方，使聽者於捧腹間頓覺心胸敞亮，或於咀嚼時方知春秋伯仲，從而贏得聽者的信賴與折服。

林肯有一次批評他的女秘書：「妳這件衣服很漂亮，妳真是一個迷人小姐。但是我希望妳能注意一下標點符號，讓妳打的文件能像妳一樣可愛。」女秘書對這次批評印象非常深刻，從此標點符號就很少出錯。

林肯身為總統，可算是世界上最有權勢的人了，說話如此委婉、客氣，是他好修養、好氣度的展現。假如他換一種盛氣凌人的口吻呵斥說：「妳是怎麼工作的，連標點符號都搞不清楚，虧妳還是大學生呢。」只能讓對方反感，反而達不到糾正對方錯誤的目的。說話是一門藝術，這毋庸置疑。所謂：**「良言一句三冬暖，惡語傷人六月寒」**，很多人說的話，立足點和出發點本來是不錯的，但由於說話時不尊重對方，缺乏良好的個人修養，因而會導致無謂的誤解和爭端。人都是有自尊的，渴望獲得他人的尊重，那麼我們首先就要尊重別人，塑造我們的個人修養和美德。

俗話說：「有德言乃立，無求品自高」。如果一個人的德行好，以德服人，講話自然有人信服；沒有非份的追求和奢望，品德自然高尚令人崇敬。僅有能力是不夠的，只有德才兼備才能有氣質，有威望，才能得到他人由衷的敬佩。正所謂：「其身正，不令而行；其身不正，雖令不從」。古人說：「言為心聲。」一開口，一個人的知識水準、思想水準、道德品質乃至性格特點等，就會全部展現在聽者面前。如果說話者心中只有自己，毫無他人，一出言便貶低別人，抬高自己，怎麼能不令人覺得惡語寒心呢！

三國時，曹操要招降劉表，想物色一個能人，謀士孔融推薦了能言善辯的彌衡。彌衡進入曹營就仰頭長嘆說曹操手下空無一能人，有的不過是書呆子、衣架子、飯囊、酒桶等一些不中用的東西，氣得站在旁邊的大將要殺他。彌衡嫌曹操封的官職小，第二天在酒宴上脫衣大罵曹操：「你不識賢愚，眼睛汙濁；不讀詩書，口齒汙濁；不聽忠言，耳朵汙濁；不通古今，身體汙濁；不容諸侯，肚量汙濁；常懷篡逆，心靈汙濁。我是天下名士，卻讓我做小小的鼓吏，這跟陽貨輕視仲尼，藏倉譭謗孟子沒什麼兩樣。你想成就霸業，誰知卻這麼不重視人才啊！」曹操說：「好，我現在就派你出使荊州，只要能勸得劉表來降，就讓你作公卿。」彌衡不願意去，曹操就派人挾持出門。彌衡來到劉表處一番言語，雖頌德，實譏諷。劉表不高興，要他去見手下大將黃祖。二人喝到酒酣處，黃祖問：「你看我是個怎樣人物？」彌衡說：「你跟廟裏的泥菩薩沒有兩樣，雖受供奉，一點也不靈驗。」黃祖陡怒，下令殺了他。彌衡不可謂不能說，也不可謂無勇氣。可惜他孤傲、粗俗、好賣弄，一點兒也不顧及他人的人格和尊嚴。

因此，僅有口才是不夠的，還要有德。德才兼備，以德服人是一種美德，也是一種修養。所謂以德，就是要以自己的「言」，還要以自己的「行」去影響和說服他人，這樣才能受人愛戴和尊重。

在日常生活和工作中，人與人之間需要進行必要的溝通，以尋求理解、幫助和支持。在交流中，每一個觀點，每一句話都是對一個人品質的檢閱，都能彰顯每一個人的道德修養，每一項承諾都是對其人格的擔保，言而有信才能取悅於人；豁達開朗才能贏得友誼；寬容忍讓才能讓人欽佩；義正詞嚴才能展示個人的尊嚴。

中國有句古語：「與君一席話，勝讀十年書，」凡是一個善於交際和表達的人，必是一個具有敏銳觀察力，能深刻認識事物，具有高尚道德修養的人。要想做個受人尊敬和歡迎的人，就要掌握好說話的分寸。要做個有內在修養的辦事高手，就要學會與別人暢談無阻的技巧，善於運用巧妙的語言，欣賞對方，贏得人心。

語言是張絕好的名片

簡練有內容的言語是素雅誠實宜人的名片。斯圖加特修辭訓練學家及作家Zngo Vogel說：「語言就像一個人的名片，你完全可以通過言辭來伸張你的個性，使自己變得與眾不同。」現實中，我們的頭腦裏已經有了成千上萬的辭彙，但問題是要如何才能喚醒這些辭彙，使它們成為我們成功的資本。只有懂得有意識地巧妙運用言辭，並避免講那些毫無意義而空洞的話，才不會讓自己變得很被動。

一般人很難做到與陌生人一見如故，但如果你能，那麼你的朋友將會遍布各地，辦事則會順暢無阻，如魚得水。反之，如果缺乏與初交者打交道的勇氣，不善於跟陌生人交談，那麼你就會在交際中處處碰壁。

那麼，怎樣才能跟初交者一見如故呢？這就要發揮語言的力量，用語言來為我們遞交一張最好的名片。攀親認友就是一種最好的開場白形式，這雖然不太被推崇，但實用性卻非常強。通常，只要對一個素不相識的人作一番認真調查，都能找到或明或隱、或近或遠的親友關係，如果見面時再拉上這層關係，就能一下縮短心理距離，使對方產生親切感。

三國時代的魯肅就是一位攀親認友的能手。他跟諸葛亮初次見面時的第一句話是：「我是你哥哥諸葛瑾的好朋友。」就憑這一句話就使交談雙方心心相印，為孫權跟劉備結盟共同抗擊曹操打下了基礎。

有時，對異國初交者也可採用攀親認友的方式。

一九八四年五月，前美國總統雷根訪問上海復旦大學。在一間大教室內，雷根總統面對一百多位初次見面的復旦學生，他的開場白就緊緊抓住彼此之間還算「親近」的關係：「其實，我和你們學校有著密切的關係。你們的謝希德校長和我的夫人南茜，都是美國史密斯學院的校友呢。照此看來，我和各位自然也就都是朋友了！」此話一出，全場鼓掌。短短的幾句話，不僅推翻了國與國之間的隔閡，還增加了彼此間的友好。

揚長避短也是一種絕妙的語言表達形式。「尺有所短，寸有所長」。人人都有可供誇耀的長處，也都有避之唯恐不及的短處。人們都希望別人多關注自己的長處，不希望別人談及自己的短處，這是人之常情。那麼，跟初交者交談時，應投其所好，以直接或間接的方式讚揚對方的長處作為開場白，就能使對方高興，對你產生好感，交談的積極性也就得到極大激發。反之，如果有意或無意地觸及對方短處，對方的自尊心受到傷害，交談效果就可想而知了。

日本作家多湖輝所著的《語言心理戰》一書中，記述了這樣一件趣事：被譽為「銷售權威」的霍伊拉先生的交際訣竅是：初次交談一定要揚人之長避人之短。有一回，為了替報社拉廣告，他拜訪梅伊百貨公司總經理。寒暄之後，霍依拉突然發問：「您是在哪裡學會開飛機的？總經理能開飛機可真不簡單啊。」話音剛落，總經理興奮異常，談興很高，廣告之事順理成章地安排給了霍伊拉先生。

要想在初次見面時使對方油然而生一見如故、欣逢知己之感。那就要學會運用讚美的語言來表情達意，肯定其成就，讚揚其品質，安慰不幸，話雖少卻能頃刻間暖其心田，感其肺腑。用風趣活潑的三言兩語掃除跟初交者交談時的拘束感和防衛心理，以活躍氣氛，增添對方的交談興致，如果能做到這點，那麼你的交際藝術就爐火純青了。

初次見面，素昧平生，有人會感到渾身不自在，難以啟齒。其實，只要我們能夠運用巧妙的語言，留心對方的舉止言談，尋求與對方相似性的因素，找到共同感興趣的話題，就不難做到左右逢源，朋友遍天下。

會把話說在重點上

學會把話說到重點上，是一個人整體素質的運用。要求說話者不但要有超群的表達問題能力，更是需要有過人的分析問題能力。其中觀察能力和分析能力尤其重要，如果把表達能力和觀察分析能力，做一個恰當的比喻的話，那麼觀察分析能力就好比是米，而表達能力為炊。大家都知道有這樣一句諺語就是：「巧婦難為無米之炊。」用這樣一句諺語來形容兩者之間的關係再恰當不過了。要想把話說到重點上，首先就要分析自己和對方的地位，做到知己知彼，根據不同的情況選擇不同的語言方式。其次要注意分析對方的文化層次，選擇不同的語言級別也是最重要的部份，也就是分析所談話題的方方面面，要切入話題重點，做到言之有物，擊中問題的關鍵。

俗話說：「牽牛要牽牛鼻子。」說話同樣也要抓住關鍵，會把話說到重點上。這也就需要學會洞察對方的心理，瞭解對方的需求。

明朝著名畫家周玄素，曾經用一句話讓開國皇帝朱元璋「龍顏大悅」。

明太祖朱元璋建國不久，一天，他突發雅興，派人召來宮廷畫師周玄素，命令他立即著手在大殿的牆壁上繪製巨幅：「天下江山圖」，以顯示自己的偉業和蓋世功勞。周玄素聽後心想：這偌大的江山，僅憑一幅畫怎麼表現得了呢？假如動筆時稍有不合皇上心意之處，恐怕自己的腦袋就得搬家了。於是，他上前謝罪說：「微臣才疏學淺，又未曾走遍天下九州，實不敢奉詔。臣鬥膽懇請陛下啟動御筆，勾勒本圖規模，臣從而潤色一二。」朱元璋見他說得有理，便當即提起御筆，刷刷幾下，在牆上草畫出一幅「天下江山圖」的大致輪廓。隨後，便對周玄素說：「朕已構建了草圖，你加以潤色吧！」

周玄素看了看草圖，又啟奏說：「陛下江山已定，豈可再有改動！」

這一語雙關的話，讓朱元璋聽了大為高興，重重的賞了周玄素一番，畫畫的事也就作罷了。

封建王朝的皇帝，具有至高無上的絕對權威，但是皇帝也有皇帝的難處，那就是時時刻刻擔心自己的江山被別人霸佔，因而竭盡全力要保住江山。周玄素的一句話看似普通，實則是說到了重點上，說到了皇帝的心坎裏去了，讓朱元璋如飲甘霖，舒心至極，因而重賞也就是必然的事情了。

那些善於操縱說服技巧的人，在說服別人時不是與對方不停地周旋，而是抓住關鍵，一語中的。這一點如果發揮得淋漓盡致，可以成大事。

漢代著名丞相蕭何，有一次向漢高祖劉邦請求將上林苑中的大片空地讓給老百姓耕種。上林苑是一處為皇帝遊玩嬉戲打獵消遣的大片園林，劉邦一聽蕭丞相要縮減自己的園林，不禁勃然大怒，認為蕭何一定是接受了老百姓的大量錢財，才這樣為他們說話辦事的。於是蕭何被捕入獄，同時被審查治罪。當時的法官廷尉為討好皇上，只要皇帝認定某人有罪，廷尉不惜用大刑使犯人服罪。就在這緊要關頭，旁邊的一位姓王的侍衛官上前勸告劉邦說：「陛下是否還記得與項羽抗爭，以及後來剷除叛軍的時候嗎？那幾年，皇上在外親自帶兵討伐，只有丞相一個人駐守關中，關中的百姓非常擁戴丞相。假如丞相稍有利己之心，關中之地就不是陛下的了。您認為，丞相會在一個可謀大利而不謀的情況下，去貪百姓和商人的一點小利嗎？」

簡單幾句話，句句擊中要害。劉邦深有感觸，終於認識到自己的魯莽，對不起丞相的一片誠心，感到非常慚愧，於是當天便下令赦免蕭何。

漢代的另一位開國元勳周勃，曾經幫助漢室剷除呂后爪牙，迎立漢文帝，有定國安邦的大功。但後來當他罷相回到自己的封地後，一些素來嫉恨周勃的小人便趁機向漢文帝誣告周勃圖謀造反。漢文帝竟然也相信起來，急忙下令廷尉將周勃逮捕入獄，追查治罪。按漢代當時的法律，凡是圖謀造反者，不但本人要處死，而且要滅家誅族。就在周勃大禍臨頭的時候，薄太后出來勸文帝說：「皇上，周勃謀反的最佳時機是您未即位時，而先皇留給您的皇帝玉璽在他手上，並且統帥主力北軍的時候，但是他一心忠於漢室，幫助漢室消滅了企圖篡權的呂氏勢力，把玉璽交給陛下。現在罷相回到自己的小封國裏居住，怎麼反而在這個時候想起謀反呢？」聽了這話，漢文帝所有的疑慮都沒了，並立即下令赦免了周勃。

可以想像，倘若沒有人在此二人大難臨頭的時候站出來為他們辯白，講明事實真相，分析得入情入理，準確無誤，他們二人能免去大難嗎？關鍵言語的威力是何其大呀！

學會把話說到重點上，用最精確的語言實現完美溝通，做個受人歡迎的交際者。對於能夠解決實際問題的事物，每個人都是喜歡嘗試的，如果你曾經是常犯言語錯誤的人，曾經是一個曲高和寡的人，學會簡單說話會讓你處處都有人緣；如果你曾經是笨嘴拙舌的人，學會一句簡單的話可以達到畫龍點睛的效果；如果你曾經是口若懸河的人，學會一句簡單的話足以技壓群芳。

在對的時間說對的話

說話是一種藝術，也是一門學問。學問深，也就受益匪淺了；學問不深，就要處處碰壁，做不成好人，更做不成大事！所謂的學問最基本的就是要知道什麼話該說，什麼話不該說，什麼場合該說什麼話，什麼場合不該說什麼話，在對的時間說對的話。這看似簡單，可是做起來就不是那麼簡單了，很多人也都是吃了這方面的虧，最終懊悔不已。

古人說：「山不在高，有仙則名；水不在深，有龍則靈。」說話也是如此，話不在多，點到就行；話不在好，時機對就行！掌握好說話的時機，是每一個人必修的一門課程，因為如果你說的不是時候，即便你的話再好，再動聽，不僅起不到好的作用，相反，還會給你帶來負面的效果，最後賠了夫人又折兵，實在是很不划算。因此，要學會根據對方的性格、心理、身份以及當時的氣氛等一切條件，考慮自己說話的內容。

我們經常能看到這樣一幕：一個人在那裡口若懸河的說，而對方卻是緊縮眉頭，對這個人說的話題根本不感興趣，即便對方一直在誇獎他，到最後無奈之下，也會找個藉口離開。這就是一個時機問題，不管一個人說話的內容有多麼精彩，如果時機掌握不好，也是無法達到有效說話的目的。

把握好適當的說話時機，對於辦事有著舉足輕重的作用。一個具有高明說話技巧的人，能夠很快地發現聽眾所感興趣的話題，同時能夠說得適時適地，恰到好處。也就是說，他能把聽眾想要聽的事情，在他們想要聽的時間之內，以適當的方式說出來。這種具備優越時機感的人，甚至在遭到突變、受到阻礙時，也能轉危為安，轉禍為福。

戰國時，楚王的寵臣安陵君能說善道，很受楚王器重。但他並不遇事張口就說，而是很講究說話的時機。他有一位朋友名叫江乙，對他說：「您沒有一寸土地，又沒有至親骨肉，然而身居高位，享受優厚的俸祿，國人見了您，無不整衣跪拜，無不接受您的號令，為您效勞，這是為什麼呢？」安陵君說：「這是大王太抬舉我了。不然哪能這樣！」江乙便不無憂慮地指出：「用錢財相交的人，錢財一旦用盡，交情也就斷了；靠美色相交的人，色衰則情移。因此，狐媚的女子不等臥席磨破，就遭遺棄；得寵的臣子不等車子坐壞，已被驅逐。如今您掌握楚國大權，卻沒有辦法和大王深交，我暗自替您著急，覺得您的處境太危險了。」

安陵君一聽，恍然大悟，畢恭畢敬地拜問江乙：「既然這樣，請先生指點迷津。」江乙說：「希望您一定要找個機會對大王說：願隨大王一起死，以身為大王殉葬。如果您這樣說了，必能長久地保住權位。」安陵君說：「謹依先生之言。」但是，過了很長時間，安陵君依然沒有對楚王提起這話。江乙又去見安陵君，說：「我對您說的那些話，您為何至今不對楚王說？既然您不用我的計謀，我就不再管了。」安陵君急忙回答說：「我怎敢忘卻先生的教誨，只是一時還沒有合適的機會。」又過一段時間，機會終於來了。此時楚王到雲夢澤打獵，一箭射死了一頭狂怒奔來的野牛。百官和護衛歡聲雷動，齊聲稱讚。楚王也高興得仰天大笑，說：「痛快啊！今天的遊獵，寡人何等快活！待寡人萬歲千秋。」此時，安陵君抓住機會，淚流滿面地走上前來，說：「臣進宮就與大王同共一席，出宮與大王同乘一車，如果大王萬歲千秋之後，我願隨大王奔赴黃泉，變做蘆草為大王阻擋螻蟻，那便是臣最大的榮幸。」楚王聞言，大受感動，隨即正式設壇封他為安陵君，對他更加寵信了。

這件事說明，把握說話時機非常重要，這個過程需要充分的耐心，也需要積極進行準備，等待條件成熟，但絕不是坐視不動。《淮南子‧道應》曰：「事者應變而動，變生於時，故知時者無常行。」安陵君的過人之處，在於他有充分的耐心，等待楚王歡欣而又傷感的那個時刻。此時，動情表白，感人肺腑，愉悅君心，終於受封，保住了長久的榮華富貴。

我國是一個講究中庸的國家，凡事都喜歡恰到好處，過了或者是不及都不是一種完美的表現。

在現代這個商業社會，更是要懂得怎樣說話，怎麼樣說好話。好話並不是什麼時候都適用，並不是什麼時候都能給自己帶來好處，而是要看時機。時機對了，那就是力量；時機不對，那就成了阻礙！因此，要學會在對的時間說對的話。

第二章

累積素材，說話要言之有物

厚積才能薄發。戰國時期的大教育家荀子在《勸學》中提到：「不積跬步，無以至千里，不積小流，無以成江海」。沒有誰一生下來就有好的口才，話多不多，會說不會說，可能會與先天的遺傳因素有關，但絕大多數口才好的人都是通過後天的學習、累積和培養而成功的。知識是說話的資本，話說得如何，都與知識有關。一個知識貧乏的人，不可能展開豐富的談話。如果與他人長時間的交談，必然會內容空洞，枯燥乏味。要想擁有好的口才，講話言之有物，就一定要擴充你的知識領域。

提高修養，才能妙語連珠

內涵豐富才能妙語連珠。總有一些人抱怨自己沒有好口才，和別人在一起總是無話可說，因此羨慕別人擁有天生的好口才。其實，這種想法是很片面的，口才並不是天生的，口才是要有足夠的文化修養和底蘊作為基礎的。

我們經常能夠看到許多教授、演說家在口才方面非常突出。其實，我們看到的只是他的「結果」，而並沒有看到他在達到這樣一個水準之前，是如何把自己的口才練到如此「爐火純青」的。要想達到「妙語連珠」的水準，就要不斷的學習，累積知識，提高我們自身的修養。

蘇秦的故事眾所周知，蘇秦是戰國時期一位有名的縱橫家。（所謂縱橫家就是戰國時期，一些依靠自己的口才來為各國君主出謀劃策的人。換句話說，就是一些靠著嘴皮子吃飯的人，而蘇秦就是他們中一位傑出的代表。）但是，蘇秦並不是一開始就是成功的。他是當時大名鼎鼎的鬼谷子的學生，從鬼谷子那裡學成出師之後，曾經先後去遊說過周王、秦王，但是都失敗了。最後，蘇秦很落魄地回到了家鄉，受到了親戚朋友，甚至包括自己父母的冷漠對待。

於是他發奮圖強，拚命地刻苦攻讀，為了防止自己在學習時打瞌睡，他就用一把小錐子朝自己的大腿上狠狠地刺一下，使自己能夠繼續學習。蘇秦經過了這一番刻苦的鑽研，終於使自己的學識又上了一個新的高度。於是他再次出馬，以自己苦心鑽研出來的「合縱之道」遊說各國君主，終於獲得了巨大的成功，身佩六國相印，以三寸不爛之舌抵擋百萬雄兵，成為了一個「前無古人，後無來者」的例子。

從蘇秦的例子中，我們不難看出，擁有好的口才是建立在深厚的學識基礎之上。如果脫離了這個根本，那麼口才就會成為「無源之水，無本之木」，就會像白開水一樣，哪裡還能說服別人呢？

顯然，只要有了寬闊的知識，有了精深的學問，就能有源源不斷的說話內容，才能新穎、才能豐富、才能精彩。只有自己肚子裏有東西，才能談吐優雅，妙語連珠。正所謂：「腹有詩書氣自華」，肚子裏沒有多少知識的人，說出來的話就沒有多少說服力，又怎麼能讓別人信服呢？當年諸葛亮在隆中苦讀二十七載，一出山後便有舌戰群儒之功，恐怕當年的諸葛亮並不曾專門去學習過如何辯論，所依靠的正是他數十年的苦讀，提高了自身的修養。

說話者的文化修養越高，文化知識的儲備越豐富，他的視野和思路就越開闊，說起話來就不會吱吱唔唔的。俗話說：「言為心聲。」卓越的語言屬於卓越的心靈。一個人口才的好壞與否，不僅僅取決於技巧，更大程度上是取決於這個人的學識修養。

相傳，唐代詩人王維在居士山隱讀時，一日得了小病，便來到一間藥店買藥，見櫃檯內端坐著一位衣著素雅的美貌少女，便想趁機試一試她的才氣。王維開口說：我買宴罷客何為？姑娘微微一笑，答曰：宴罷酒酣客『當歸』，請問當歸要幾錢？且慢，我二買黑夜不迷途。『熟地』不怕天黑夜，此藥本店有的是。王維又說：三買豔陽牡丹妹。牡丹妹『芍藥』紅，芍藥今天方到。四買出征萬里。萬里戍疆是「遠志」。五買百年美貂裘。百年貂裘是『陳皮』。六買八月花吐蕊。秋花朵朵點『桂枝』。七買蝴蝶穿花飛。『香附』蝴蝶雙雙飛。妙！答得妙！王維連聲喝采。王維為了一試賣藥少女的才氣，憑藉自己的文才學識，連出七句詩謎來考她。

才女不慌不忙，逐一解拆，以詩還詩，對答如流，可見她不但熟諳中藥名稱，而且才思敏捷，聰慧過人，值得喝采。這位少女絕妙的口才正是她知識豐富，文學修養深厚的表現。

一個說話言之有物，內容充實的人，一定是一個知識淵博的人，雖不至「才高八斗，學富五車」，至少也是「胸中有物」。「胸有成竹，欲發則出；積之越深，言之越佳」。對交談者來說，知識是多方面的。對不同的人，有不同的知識要求，不同的人，對知識的把握程度也不盡相同。美國詩人佛洛斯從說話的角度，把一般人巧妙地分成兩類：第一類是滿腹經綸，卻說不出來的人；第二類是胸無點墨，卻滔滔不絕的人。在與別人交談時，一定要讓談話的內容充實而有內涵，讓人聽後覺得受益匪淺，而且回味無窮。如果只是自顧自的自吹自擂，廢話連篇，遲早會令人生厭。所以有時要想「有話可說」並不難，而要達到「妙語連珠」的境界，實在不是一件容易的事，需要不斷地學習文化知識，豐富自己的涵養，力求讓自己的學識充實起來。這樣，才能在人際交往這片廣闊的天空中自由翱翔。

用名言佳句加強語言說服力

善於說話的人，可以流利地表達自己的意圖，也能把道理說得清楚和動聽，使別人樂意接受。語言是思想的外衣，可以透過語言窺視一個人的品格，在無意之間可以描繪出這個人的輪廓和畫像。但如何才能出口成章，佳句不斷，使自己的語言更有說服力呢？

巧妙地運用名言佳句可以使你的語言從平淡、樸素變得生動，富有美感；使你的論證嚴密，更具有說服力；使你的語言更有震撼力，給人以莫大的衝擊力，彷彿就是聽一個名人說話一樣。

有人詢問巴爾紮克：「您是如何寫出那麼偉大的作品？」巴爾紮克聳聳肩膀，

把手中的手杖遞給人們，人們在他的手杖上看到刻著這樣一句話：「我粉碎了每一個障礙。」後來，奧地利作家弗朗茨・卡夫卡也曾用過這句話，只是調換了話中的主客語：「每一個障礙粉碎了我。」前人的名言都是他們智慧的結晶，因此引用名言佳句，可以增加我們語言的說服力，使我們的話語更容易被人接受。同時，善於使用名言佳句的人肯定是對名言有著豐富累積的人。在別人眼裏，他們一般是一個飽讀詩書的人，具有很高的修養和學問。所以說，使用名言佳句可以給別人一種好印象，交際的效果當然就會更好了。

善於使用名言佳句，可以讓你說出來的話變得生動和風趣，無形中提高了你的說話水準。所以，在生活中要注意名言佳句的累積，在恰當的時候，學以致用。

善於說話的人，尤其是有影響力的人，他們往往會在講話中應用一些富有哲理的名言佳句。在語言中恰當地使用哲理名言，可以提高你話語的影響力，增加說服力。陸機在《文賦》中說：「立片言而居要，乃一篇之警策。」就是說，在文章的關鍵處要用一句或幾句名言警句來點明題意，一篇文章中如沒有警句是不能打動人心的。

名言是對生活哲理的概括。那些善於思考的演說家，語言精美，思想深邃，給人的印象總是深刻，對人的內心衝擊總是很強烈。文學作家陳祖芬以富於詩人氣質和理性思辨聞名，她作品中的名言警句富含哲理，很能打動人心。如：「不拘小節的可能不得人心，處處小心的可能處處得意；過於自信的可能欲速不達，安分守己的可能穩紮穩打。獨創帶來孤立，平庸帶來團結；溫暖造就優柔，嚴酷造就頑強……沒有志向的人往往一生安寧，充滿活力的人往往一生艱辛……」這些顯示生活引出富於生命力的生活哲理，把人們習以為常而忽視的生活現象上昇到理性的高度，極大地增強了作品的藝術表現力，讀後讓人難以忘懷。

會運用名言的人大多思想高尚、學富五車、品格修養極高。試想誰不願意與一個高尚的人交談呢？在與人交談的時候，恰當地使用名言佳句，或使語言變得生動，或使語言變得含蓄，這都是很好的交際手段。

使用名言佳句並非不是不分場合、對象隨便使用，也不是用得越多越好。任何事都要掌握一個度。運用名言也是一樣，不可對一個文化層次不高的人使用過於深奧的名言，因為他們可能根本就理解不了；不可一次又一次在他人面前使用，他們會認為你附庸風雅，簡直一個酸臭文人。總之，在說話時要靈活地使用名言佳句，這樣，會使你的語言生動風趣，說理更加深刻。

累積經典語句，增加知識沉澱

許多人以為口才只是口上之才，他們以為口才好的人，只是因為他們很會說話，而自己卻是不會說話的。他們看見許多口才好的人什麼都可以說，談什麼都很動聽，只是因為他們的口齒伶俐而已，這種看法是片面的，膚淺的。

固然，會說話的人表達語言的水準是很高，但會說話的實際基礎是建立在他們善於思考，善於觀察，興趣廣泛，知識豐富，以及擁有強烈同情心和責任心之上的。無論你多麼善於及時發掘適合交談的題材，也無論你多麼精通口語表達技巧，你終究還是需要對談話的題材有相當的累積，否則，不管你的口齒多麼伶俐，也不能成為一個口才好的人。

一個口才好的人，必須經常在觀察和思考上面下功夫。他們不斷地擴充他們的興趣，累積他們的知識，培養他們的同情心和責任心，他們談話的題材是非常充實的。那麼你呢？是不是每天看報紙？是不是同時也很注意重要的國際及國內新聞呢？是不是很留心地去選擇節目？是不是隨便聽聽就算了呢？你是不是選擇有意義的，精彩的電影和戲劇？是不是看戲時集中精神地去欣賞它們，而不是坐在戲院裏打瞌睡？

唐代杜甫詩云：「讀書破萬卷，下筆如有神。」書讀多了，知識就豐富起來了，與人交談時自然就不會沒話題可說。黃庭堅也說：「三日不讀書，便覺言語無味，面目可憎，」我們只有多讀書，多累積書中經典的語句，增加自身的知識沉澱，才可能達到「腹有詩書氣自華」。

「熟讀唐詩三百首，不會作詩自會吟」的經驗之談，是大家所熟悉的，它告訴人們要學習口頭語，提高說話的技巧，就應多讀名著。「窮書萬卷常暗誦」，吟詠其中，則可心領神會，產生強烈的興味。摸熟語言的精微之處，則會喚起靈敏的感覺；熟悉名篇佳作的精彩妙筆，則會獲得豐富的辭彙，自己演說和講話時，優美的語言也會不召自來，這並非天方夜譚之事。只要我們潛心苦讀，勤記善想，揣摩尋味，持之以恆，就能嘗到醇香厚味，如果反覆的用，不斷的學，久而久之就可以「於無法之中求得法，有法之後求其他」了。

好的口才是建立在有深厚的知識基礎之上的，沒有淵博的知識為依託，也就不會有高水準的語言。

日常生活中，在看報紙、雜誌時，把經典的語句記錄下來。漸漸地，你的話題庫就會不斷豐富，你的說話水準也會得到提高，只要堅持下去，你會發覺你的腦子裏裝了不少經典名句，你的思想也會變得靈活起來。到談話的時候，這些平時「撿來」的知識就會跳出來幫助你。

巧用俗語，讓語言更豐富

千百年來，老百姓生活中的諸多經驗、教訓，以民間喜聞樂見的形式被總結成一句句的俗語，口口相傳，流傳至今，有不少俗語在今天仍被廣泛使用。俗語的特點是淺顯易懂，或詼諧幽默，或對比強烈，或類比引伸，它幾乎是沒有任何文學色彩的平民化語言，但在我們說話、寫文章時適當地運用俗語，既可以增強說服力，又可以使語言風格更加活潑。

中國早期的革命家有許多都是偉大的語言大師，他們在任何時候都不忘活躍氣氛，拉近與聽者的距離，促進與聽者的交流。他們大多也是從百姓中來的，因此，他們的語言中更多的使用了俗語，更多的展現了平民化的色彩。

抗戰勝利後的一天，上海一幢公寓裏傳出陣陣歡笑。原來，畫家張大千要返回四川，他的學生們為他送行，梅蘭芳等名流也到場作陪。宴會開始，張大千向梅蘭芳敬酒，說：「梅先生，你是君子，我是小人，我先敬你一杯！」眾賓客都愣住了，梅蘭芳也不解其意，笑著詢問：「此話作何解釋？」張大千笑著朗聲答道：「你是君子—動口；我是小人—動手！」滿堂來賓，笑聲不止，宴會氣氛一下子活躍起來。

張大千簡單的幾句話取得如此好的效果，原因就在於他靈活運用了「君子動口不動手」這一俗語。

如果要成為一個成功的主管，恐怕還得學學如何使用俗語，如何與一般大眾打交道。有些人認為使用俗語會丟面子，讓人瞧不起，但是主管為了與人接近都愛使用俗語，作為一般人使用俗語又會有什麼不妥呢？不管什麼人，只要用得巧，同樣能產生俏皮的效果，活躍氣氛，使雙方能夠放開的交談，提高交際的能力。

我國的語言文化博大精深，俗語更是對語言千錘百煉的濃縮，它的源遠流長，使俗語在最大的範圍內被接受、理解，並被廣泛流傳。在適當的語境下，對俗語的運用往往能夠更準確地表達意思，更容易被接受。

古人說：「言之無文，行而不遠」。說話有時也要講究文采。如果語言乾癟，不生動，不形象，缺乏美感，就不能引起聽者的興趣，也就不能更好地達到目的。

學會運用俗語，能使你的語言更加豐富，還可以給人平易近人的感覺。

運用邏輯思維，使言語具有條理性

有了豐富實在的思想內容，只是具備了良好的口才的基本條件。這些思想內容還要經過合乎邏輯的整理，才能靠口傳出來。人與人交流的過程，其實就是把心底的感覺，朦朧的意識整理傳達，也是一個動腦思考，進行抽象思維的過程。因此，一個人的抽象思維能力如何，將決定他說話是否準確嚴密，是否簡潔清楚，而抽象思維能力也就是邏輯能力。如果把待講的內容比作一堆蔬菜和調料的話，那麼怎麼烹調就要看廚師的手藝，也就是說要想使言語具有調理性，運用邏輯思維是關鍵。

要想成功地說服別人，你需要通過事實、道理對你自己的觀點進行論證。而你的論證是否有力，取決於你的語言邏輯性。一般來說，善於講道理的人，常常會利用語言邏輯的力量，用嚴謹的語言邏輯讓對方無力辯駁，接受自己的觀點和意見。

中國歷史上儒家學派的大宗師、有「亞聖」之稱的孟子，就是利用邏輯語言講道理的佼佼者。歷史上，孟子以善辯著稱，是一位有名的雄辯家。他說話邏輯性非常強，善於利用邏輯性的語言，配合人們非常容易理解的自然規律，通過類比，指出問題的關鍵所在，或委婉地批評對方，或含蓄地提醒別人，或通俗易懂地提供解決問題的參考答案。

孟子的弟子公都子對他說：「大家都認為夫子您愛好辯論。」孟子回答說：「難道我真的很喜歡辯論嗎？我是迫不得已呀！」孟子是為了推行自己的政治主張，對付那班見利忘義、嗜殺不仁的統治者，才會通過自己的智慧、運用語言的邏輯威力，施展自己的辯才。

孟子問齊宣王：「如果大王您有一臣子把妻子兒女託付給他的朋友照顧，自己出遊楚國去。等他回來的時候，他的妻子兒女卻在挨餓受凍。對待這樣的朋友，應該怎麼辦呢？」齊宣王回答說：「跟他絕交！」孟子又問：「如果您的司法官不能管理他的下屬，那又該怎麼辦呢？」齊宣王說：「撤了他的職！」孟子又問：「要是一個國家被治理得非常糟糕，那又該怎麼辦呢？」齊宣王語塞，顧左右而言他。

孟子採用層層推進的邏輯方法，從生活中的事情入手，推論到中層幹部的行為，再推論到高級主管的身上。如此，令齊宣王毫無退路，非常尷尬，只能「顧左右而言他」了。

其實，孟子還暗示齊宣王，就像把妻兒託付給朋友一樣，國家是人民託交給君王的。在生活中，運用邏輯思維甚至能夠贏得自己「心上人」的芳心。

在美國的普林斯頓大學，有一個男生深深地愛上了一個美麗聰慧的女孩，但是，他一直不知道應該如何向她表達，因為，他總是害怕她會拒絕自己。一天，他終於想到了一個追求女孩的好方法，於是，他鼓起勇氣，向正在公園裏讀書的女孩走去。

他對女孩說：「妳好，我在這張紙條上寫了一句關於妳的話，如果妳覺得我寫的是事實，那就麻煩妳送我一張妳的照片好嗎？」女孩的第一反應是：這又是一個找藉口想追求自己的男生。這種男生，她見得多了，但聰明的她總能順利擺脫男孩的糾纏。面對這個男孩，她很有自信：「無論他寫什麼，我都不說事實，這樣不就得了嗎？」

於是，女孩欣然答應了男孩的請求。「如果我說的不是事實，妳千萬不要把照片送給我！」男孩急忙說；「那當然！」於是，男孩把那張紙條遞給了女孩。女孩胸有成竹地打開了紙條。但她很快就皺起了眉頭，因為她絞盡腦汁也想不出拒絕男孩的方法，只好把自己的玉照送到了男孩手中。其實，男孩寫的就是一句很普通的話：「妳不會吻我，也不想把妳的照片送給我。」如果女孩承認這句話是事實，那麼她就得把照片給他。」男孩正是利用了邏輯思維，得到了女孩的照片。

這個聰明的男孩名叫羅奈爾得．斯穆里安，後來，他成了美國著名的邏輯學家，而那個女孩，在日後順理成章地成了他的妻子。

在講道理的時候，充分的利用語言邏輯的力量，不僅能達到說服對方的目的，還能充分展示你的才華和談吐的魅力。

善於說話辦事的人都能夠通過語言更加圓滿地表達自己的思想，任何語言活動實質上都是思維活動。語言的運用離不開思維，語言的恰當運用離不開邏輯。如果思維混亂不合邏輯，語言表達就不可能清楚明白；而自覺地運用邏輯思維，則能夠促進語言的嚴密準確，深刻有力，能夠使語言具有調理性。

善於運用邏輯思維，可以使你的言語錦上添花；善於運用邏輯思維，可以使你有條理的表達自己的思想。如果你在邏輯思維上有了很大的進步，我相信你肯定會擁有出口成章的好口才，你肯定會驚奇的發現，你看問題，做事情比以前少了盲目和困惑，多了自在和信心。要想擁有良好的口才，就要注意提高自己的邏輯思維能力，使自己養成良好的思維習慣。

善於向談話高手「取經」

人生在世，你無法生活在一個孤立無援的空間裏，無論我們將怎樣度過漫漫人生，選擇什麼樣的生活方式，實現什麼樣的目標，都無可避免地要與他人交往、溝通以及和諧相處。因此，成為會說話的人，也許是生命中最基本、最重要的一件頭等大事。會說話的人，將左右逢源，如魚得水；不會說話的人，將處處受限，寸步難行。因此要想成為會說話的人就要善於向那些會說話的談話高手學習、「取經」。

談話高手們往往都很瞭解說話的技巧，都懂得說話的藝術。他們善用說話的技巧，會看清對象再開口，會分清場合說話，會有針對性的表達，會投其所好，說別人想聽和願意聽的話。

在某一次外貿談判中，東方外貿代表拒絕了一位紅頭髮西方外商的無理要求，這傢夥惱羞成怒，竟然出口傷人：「代表先生，我看你皮膚發黃，大概是營養不良造成你思維紊亂吧？」東方代表立即反擊說：「先生，我既不會因為你皮膚是白色的，就說你嚴重貧血，造成你思維紊亂；也不會因為你的頭髮是紅色的，就說你吸乾了他人的血，造成你頭腦發昏。」

西方代表在其無理要求遭到拒絕的情況下，便轉而對東方代表進行人身攻擊，足見其蠻橫無理。東方代表由於使用故作否定術，在辯詞前加了「不」等否定詞，既針鋒相對地反擊了對方的挑釁，又不受人以話柄，維護了東方人格的尊嚴。會說話的人往往是能夠抓住對方的「病症」所在，然後對症下藥，將其制服，達到最後的目的。所以，談話高手的說話技巧很值得我們去學習。

西方有句諺語說：「上帝之所以給人一個嘴巴兩隻耳朵，就是要人多聽少說」。要跟會說話的人多學習，就要多去傾聽別人的說話。多聽，才是最有收穫的，不斷的豐富自己的內在知識，不斷的去學習別人的長處，用一顆自信與謙和的心來面對自己的每一次社交與工作中的場合，即使自己做的不夠好，只要努力，只要真誠，就一定能夠成為一位說話和溝通的高手，為自己的事業和生活帶來很多快樂。

美國總統林肯出身於農村家庭，當過雇工、石匠、店員、舵手、伐木者等，社會地位低微，但是他從不放鬆口才的訓練。十七歲時他常徒步三十公里到鎮上，聽法院裏律師慷慨陳詞的辯護，聽傳教士高亢激昂的佈道，聽政界人士振振有詞的演講，回來後就找一個沒有人的地方精心模仿演練，終於口才日日進步。一八三〇年夏天，他為準備在伊利諾斯一次集會上的演講，面對光禿禿的樹樁和成片的玉米，一遍又一遍地試講。後來他連任兩屆總統，也成了著名的演說家。

話題庫的豐富不僅要在生活中累積，從書本中吸收知識，還要懂得向他人學習，學習他人的說話技巧，學習他人如何把知識轉化為話題，並且記住他們的話題，作為自己將來與人談話的內容。每一個成功的說話者，對於他們的失敗、優點、缺點，聽的人反映怎樣，都會在心中加以研究，加以比較。在什麼時候，他們的話說得不夠，使人不太明白；在什麼時候，他們的話讓人哈哈大笑。他走了之後，別人又是怎樣地談到他，以及怎樣地評論他，諸如此類，都是你訓練口才的重要參考資料。

如果你能認識一位口才很好的朋友，那你便應該多和他接近，很用心地研究他怎樣說話，怎樣的表情如何引起別人的興趣。如果你能遇到一位很好的演講家，那你更不要放過機會，他的每一次演講，你都要去聽。他的每一句話，每一個姿態，你都要記在心中，帶回家去細細地咀嚼、琢磨。多看電影、電視中語言交談類的節目，揣摩電影、電視中那些談話高手們的語言，特別是那些影視、戲劇中人物的精彩對話，可以為我們學習說話提供範例。

留心聽別人講話，這樣你就可以很快地熟悉這個話題，當別人又提起同一個話題的時候，你就可以用聽來的觀點和別人交流，再換取另一個人的觀點。在這樣不斷地累積中，你的觀點會越來越豐富，久而久之，你就變成了一個博學的人。聽你說話的人也會誇你知識豐富，能言善道。

真正聰明的人，會懂得憑藉別人的智慧，使自己變得強大。真正聰明的人，是會向別人學習的人。總之，要想使自己有豐富的話題可談，就要善於向周圍的人學習，因為他們的話題才是我們經常可能會談到的，是交談中最容易談論，最輕鬆的話題。

適當的記錄下精妙語句

在聽別人演講或別人談話時，隨時都可以聽到表現人類智慧的警句、諺語。把這些話在心中重複一遍，記在本子上，久而久之，你談話的題材、資料就越來越多，你的口才就越來越成熟了，你就可以說起話來條理清楚，出口成章了。

累積精妙的語句，對我們錘煉好口才尤其重要。在平時的生活中就要多累積一些經典成語、名言佳句、俗語、歇後語以及中外名人名言等。因為這些詞語或句子是人類智慧的結晶，它們不僅蘊涵著深邃的哲理，而且還文采翩翩、生動傳神。如果我們把語言比作美麗的花園，那麼它們就是其中最嬌豔的花朵。所以我們應該多採擷，勤累積，並巧妙、恰當、自然地把它們「嵌入」到我們的講話中，從而增添我們講話的韻味和表現力。可以說，這是我們錘煉口才、增強口語表達能力一個行之有效的方法。

歷史上許多名人之所以滿腹經綸，說話出口成章，都是因為他們博覽群書，並善於累積佳句名言，善於記錄精妙語句的緣故。

「工欲善其事，必先利其器」，這雖是一句老話，至今仍然適用。所以，要提高自己的說話能力，首先要先充實自己，豐富自己的語言，因此也要經常記錄一些精妙語句。一個胸無點墨的人，你當然不能希望他能應對如流。學問是一種利器，有了這寶貝，一切都會迎刃而解。

從前有個教育家，為了要按他自己的理想辦一所學校，他發動了他的朋友們去募捐。開始時，募捐的情形是很困難的。他的一個朋友，打算放棄這項工作，並且引用一句古詩：「十扣柴扉九不開」，來說明募捐困難的情形。「十扣柴扉九不開」，真是把募捐困難的情形形容得恰到好處。可是聽了，叫人們多麼灰心洩氣啊。但這位教育家把這句古詩從另外的角度去闡述它，於是，便得到完全相反的效果。他說：「不錯，我們現在的情形是『十扣柴扉九不開』，可是這也就是說，十扣柴扉有一扇是開的。那麼，我們要敲開十扇門，只要再努力一點，多敲幾十扇門就是了。」於是，他把「十扣柴扉九不開」這句話，改為「百扣柴扉十扇開」，以此來鼓舞他的朋友們，最終完成了募捐建校的任務。

這個例子表現了語言的靈活運用。但是，如果我們平時都不去累積一些精妙語句的話，那麼就更別提學會靈活的運用語言了。

我們經常說某人口才好，某人說話得體。分析原因，不難發現，這些人都是閱讀了大量的書籍，所以辭彙才如此豐富。他們吸取了古今中外口語交際成功事例中的優點，言談才恰當得體。他們還博古通今，自然在口語交際中才具有吸引力。由此看來我們一定要多讀書，多記錄一些精妙的語句，對提高我們的語言表達能力有很好的效果。

日常生活中，我們每天都離不開報紙、雜誌和書。在讀書看報時，備一支筆、一些卡片紙和一把剪刀，把所見到的好文章或讓自己心動的話語劃出來，或者剪下來，或摘抄在卡片上。每天堅持做，哪怕一天只記一、二句，也是很有意義的。日積月累，在談話的時候，會不經意地用上曾抄下來的語句，也許它們會隨時隨地從你的頭腦裏冒出來，讓你盡情地談吐，給你一個意外的驚喜。

第三章

叱吒職場需彈性說話，對症下口

身在職場，面對主管，每一個人都要通過說話辦事來接受主管的檢驗；面對同事，每一個人都要處理好與同事之間的關係，如何才能做到在職場中說話辦事如魚得水、遊刃有餘呢？其實，只要我們學會彈性說話，懂得說話的技巧，那麼我們一定能夠說話得體、辦事得當，就一定能夠與主管、同事建立和諧融洽的關係。

敬語是永不過時的台詞

說話固然有很多技巧，但是一些規律性的原則首先必須遵守，比如尊重。只有尊重對方，別人才願意聽你說話，才能接受你的意見。在溝通中要尊重對方，就要向對方展現敬意和友善，要保持得體的氣度和風範。要做到這一點，就要為人禮貌大方。首先要不忘使用敬語，如「請」、「謝謝」等，當然，還要注意避免使用一些不禮貌的話，一語不慎造成的後果是無法彌補的。

在社交場合，敬語使用錯誤，會非常難堪。例如，請別人替你服務時，要加上「請」或「某先生」。尤其是在交談中，稱呼對方的父母，應該說「伯父」、「伯母」，直接說「你爸爸」、「你媽媽」當然也可以，但缺乏高雅的氣質。一個有教養的人，是不應該忽略這些的。

敬語為處理好人際關係所需的潤滑劑，是生活和工作中不可缺少的語言表達形式。語言的表達方式，能隨著時間、場合、物件的不同，而表達出各式各樣的資訊和豐富的思想感情。說話禮貌的關鍵在於尊重對方和自我謙虛，要做到禮貌說話首先要儘量使用敬語。

我們日常使用的敬語主要包括「請」、「您」、「閣下」、「尊夫人」、「貴方」等。另外還有一些常用的詞語用法，如初次見面稱「久仰」，很久不見稱「久違」，請人批評稱「請教」，請人原諒稱「包涵」，麻煩別人稱「打擾」，託人辦事稱「拜託」，讚人見解稱「高見」等等。

身為現代人而言，除了考慮彼此間的權勢關係以外，還往往要考慮人際間的恩惠授受關係，內外親疏關係、公私場面關係、長幼資歷關係以及男女性別關係等。在處理這些關係時，都要學會使用敬語。敬語其實從本源來講是屬於一種敬畏的表現，所以對於不熟悉的人也要使用敬語。

即便對方年紀小或在職場的地位低，只要還不很熟悉，就應當使用敬語或禮貌語。管理者中，有人用語非常隨意，如「給我整理一下」、「去打個電話」等，但這麼做會降低自己的品格。也許本來是希望表達自己人的親密感，但這只會顯得自己傲慢無禮。即使是對部下也應當禮貌地說：「請幫我整理一下好嗎」、「麻煩你打個電話」，這樣的話，部下做事時心情會愉快很多，同時也增加了對你的好感。

初次見面談業務時，如果己方是買方或選擇方，對方就會使用最恭敬的說法，比如：「下次可否允許我拜訪貴公司，介紹一下弊公司的情形？」對此，不能隨便地說一句：「哦，行，來吧！」而應該說：「不好意思，那就麻煩您了。」即便自己處於強勢或地位高的一方，也不要理所當然地趾高氣揚。

當大家彼此瞭解、親密起來之後，有人覺得不必再用最高等級的敬語，用普通的禮貌語就可以了，但這也要根據對方而定。如果對方認為彼此的關係還應當使用最高級敬語，但這邊卻認為關係已經很親密，不再使用敬語，那麼就會引起對方的不愉快。對使用敬語的人不說敬語，是有風險的。

一般來說，不管對方是誰，持續使用禮貌語會很安全。還有一點說來有些荒唐，那就是男性中有很多人如果得不到女性的尊敬，心情就會變壞，如果女性用對等的口氣和他說話，他就會感到不愉快。對於這一點，我們似乎不必非得把事情弄糟。

有的人在工作時或職場中能夠使用敬語，但在私人場合中卻說不出口，也許是覺得那樣太生疏了吧。但熟也要拘禮，還是應當儘量使用禮貌的說法。即使和朋友談話，也不要太過不講究，至少被別人聽到自己不會感到難為情才好。

使用尊重對方的措辭，能夠提昇自己的品格。回應時，應當使用與對方同等甚至更高的敬語。

人都是有自尊的，都渴望獲得他人的尊重。大到社會，小到一個團隊，當中的人只有收入高低、分工不同的區別，絕對沒有人格的貴賤之分。捫心自問，我需要別人的理解和尊重嗎？同樣，這也正是別人都需要的。聰明的人就要先理解和尊重別人。

俗話說，人的心靈就像花朵，用開放承受柔潤的露珠；用閉合抵禦狂風暴雨。假如我們在規勸別人，實際上就是讓他的心靈開放。但是，被規勸的人往往用閉合來抵禦我們的規勸，因為他並不知道我們送來的是雨露。所以，要想不損傷別人的自尊心，尊重別人是至關重要的。

恰當的向主管說些恭維話

有這麼一個故事，說拿破崙當年最討厭別人拍他的馬屁，所以喜歡諂媚奉承的人很難受到他的重用。不過有一次，隨從之一對他說：「將軍，你是最討厭別人對你拍馬屁吧？」拿破崙笑著回答：「是的，一點也不錯！」但事後，拿破崙卻不得不承認，這就是一記最好的馬屁，而自己竟笑著接受了，於是頗為感慨地說：「討厭別人對自己拍馬屁的人，真是少之又少啊！」

總有人認為說奉承話是厚顏無恥的行徑，事實上如果我們換一個角度來看，奉承何嘗不是一種潛移默化中讚美別人，恭維別人的方式呢？與上司交往中，這更是一種無往不利的潤滑劑，也是一種讓你如魚得水的職場智慧。恭維應恰到好處，才能使雙方的感情和友誼在不知不覺中得到增進，還會激發交往合作的積極性。那麼如何恰到好處地恭維他人呢？看看下面故事，或許你可以從中領悟到一些恭維的權術。

清朝刊印二十四史時，乾隆非常重視，常常親自校核，每校出一件差錯來，覺得是做了一件了不起的事，心中很是痛快。和珅和其他大臣，為了迎合乾隆的這種心理，就在抄寫給乾隆看的書稿中，故意於明顯的地方抄錯幾個字，以便讓乾隆校正。這是一個奇妙的方法，這樣做顯示出乾隆學問深，這比當面奉承他學問好，能收到更好的效果。皇帝改訂的書稿，別人就不能再動了，但乾隆也有改不到的地方，於是，這些錯誤就傳了下來，今天見到的殿版書中常有訛處，有不少就是這樣形成的。和珅工於心計，頭腦機敏，善於捕捉乾隆的心理，總是選取恰當的方式，博取乾隆的歡心。他還對乾隆的性情喜好，生活習慣，進行細心觀察和深入研究，尤其是對乾隆的脾氣、愛憎等瞭若指掌。往往是乾隆想要什麼，不等乾隆開口，他就想到了，有些乾隆未考慮到的，他也能安排的很好，因此，他很受乾隆的寵愛。

和珅拍馬屁高在兩點：一是知己知彼，每拍即中；二是讓對方渾然不覺卻全身舒坦，因為他做得無聲無息，不著痕跡。

如果一個人的學識、機智、地位等，到了一定水準，恭維話便可大講特講，有聲有色。此時已不得稱為「馬屁」了，而應叫謙和。

恭維他人不可人云亦云，樹立自己獨到之處是讓人感動的，抓住一個人或一席話的獨特之處來進行委婉的恭維，能贏得人心，調節氣氛，這要靠培養敏銳的觀察、機智的應變能力才能達到的境界。

《紅樓夢》中史湘雲、薛寶釵勸賈寶玉為官為宦，走仕途經濟之路，賈寶玉大為反感，對著史湘雲和襲人恭維黛玉說：林姑娘從來沒有說過這些混帳話！要是她說這些話，我早就和她分手了。」湊巧這時黛玉正好來到窗外，無意中聽到這番話，使她又驚又喜，又悲又嘆。這之後，賈寶玉和林黛玉之間的感情更加深了。

恭維別人，不單單是甜言蜜語，更應根據對方的文化修養、個性人格、心理需求、所處背景，語言習慣乃至職業特點、個人經歷等不同因素，恰如其分地讚美對方。

張之洞任湖北總督時，適逢新春佳節，撫軍譚繼恂為了討好張之洞，設宴招待他，不料席間譚繼恂與張之洞因長江的寬度爭論不休。譚繼恂說五里三，張之洞認為是七里三，兩人各抒己見，互不相讓。眼見氣氛緊張，席間誰也不敢出來相勸。

這時，位列末座的江夏知縣陳樹屏說：「水漲七里三，水落五里三，制台、中丞說得都好。」

這句話給兩人解了圍，都撫掌大笑，並賞陳樹屏二十錠大銀。陳樹屏巧妙且得體的言詞，既解了圍又使雙方都有面子。這種讚賞就充分考慮了聽者的心理和當時的情況。

古諺云：「精誠所至，金石為開。」當你恭維之語從舌底間流出的時候，你言語中包含的真誠度已經顯露出來，寫到被恭維者的臉上或心中。所以只有真誠的讚美與恭維，才能使別人感到你的恭維是在發現他的優點，而不是作為一種所需要的「金石」，或者接受你在恭維背後隱藏著的不滿，從而達到恭維的最終目的。

一句恭維的話，猶如一泓清泉，透徹、晶瑩，沁人心脾，流經之處充滿了溫馨與滋潤。它不僅在人與人之間吹散了冷漠的霧靄，而且讓友誼得以加深，讓工作一帆風順，讓交際更得人緣。與人交談，適當摻入一些恭維的話，雙方的感情和友誼會在不知不覺中得到增進，而且會調諧交往合作的積極性。

會說恭維話的人在這個社會上，肯定比較吃香，在各種場合能遊刃有餘，因為我們身邊幾乎任何人都愛聽恭維的話。樹有皮，人有臉，人人都有自尊心和虛榮心。對於主管們來說，在面對下屬的時候，這樣的情感需求往往又會更強烈些，因為職位的差別會給他們帶來心理優勢，使得他們擁有「說你行，你就行，不行也行；說你不行，你就不行，行也不行」的權力。所以，適當的讚美和尊重會讓主管因此而感到心情愉悅，心花怒放，同時也為你自己的職場之路打開一片光明的前景。

所以說，要學會用恰當的語言恭維主管，這樣你才會得到主管的賞識。

委婉得體地向主管提出建議

美國的羅賓森教授曾說過一段很有啟發意義的話：「人有時會很自然地改變自己的看法，但是如果有人當眾說他錯了，他會惱火的更加固執己見，甚至會全心全意地去維護自己的看法。這不是因為那種看法本身有多麼珍貴，而是因為他的自尊心受到了威脅。」羅賓森的話告訴我們，每個人都有自尊心，每個人都有維護自己尊嚴的本能。因此，對於下屬來說，在向上司「進諫」時，一定要委婉得體，要維護上司的尊嚴。

《晏子春秋》裏有一個故事：齊景公酷愛打賭，非常喜歡餵養捕捉野兔的老鷹。一天，管理者燭鄒不小心，讓一隻鷹飛走了。景公知道後大發雷霆，命令將燭鄒推出去斬首。晏子急忙上堂對景公說：「燭鄒有三大罪狀，哪能這麼輕易就殺了？待我公布他的罪狀後再處死吧！」景公點頭同意了。晏子指著燭鄒說：「燭鄒，你給大王養鷹，卻讓鷹飛走了，這是第一條罪狀；你讓大王為鳥的緣故要殺人，這是第二條罪狀；把你殺了讓天下諸侯都知道大王重鳥輕士，這是你的第三條罪狀。好了，大王，請處死他吧。」景公說：「別殺他了，我領會你的意思了。」

機智的晏子採取說反話的方式來勸諫，十分委婉地把意思表達了出來；同時還暗示這種暴行的嚴重後果，使齊王瞭解這樣做會帶來極為不利的影響。順言逆意，終歸是照顧了面子，致使景公只好將燭鄒放了。

對於一個聰明的下屬來說，要想使自己的看法變成上司的想法，在許多時候僅僅做好引導工作——提出建議、提供資料就可以了，其中所蘊含著的結論，最好留給上司自己去下。

戴爾・卡耐基曾經說過：「如果你僅僅提出建議，而讓他人自己去得出結論，讓他覺得這個想法是他自己的，這樣不是更聰明嗎？」

在給主管提意見時還應該掌握提意見的藝術，因為提意見往往需要指出對方的缺點和錯誤，而沒有人願意在大庭廣眾之中暴露自己的缺點和錯誤。所以一旦提意見的方式沒有把握好，常常會傷及對方的面子，引起對方的反感。這樣即使他知道自己有缺點和錯誤，但也因為礙於面子而不樂於改正它們。

赫爾曾是羅斯福總統時期的國務卿，他向羅斯福總統提意見時總是能夠採用輕鬆的方式，讓羅斯福在嬉笑中接受自己的意見。《赫爾回憶錄》中曾記載著這樣一件事：美國總統羅斯福的性格樂觀開朗，他永遠是高興的，說起話來談笑風生，做起事來虎虎生威。羅斯福總統對開內閣會議很感興趣，他的樂觀性格也在會議中充分顯現。他喜歡在會議中插人一些趣聞，而且喜歡自己說出來給大家聽。由於他口才極好，又喜歡發表言論和見解，所以在開內閣會議時，常常是他一個人在滔滔不絕地講，搞得大家沒有辦法發表自己的見解，赫爾國務卿決定找機會給總統提個意見，別在開會時總是自己在說話。有一天，羅斯福總統參加內閣會議稍微遲到一會兒，他一路笑著走來。他對大家說：「噢，對不起，我遲到了，剛才在家有人頂撞了我，他說我話說太多了，他永遠沒有機會插一句嘴。」羅斯福一邊笑著一邊將這件事告訴閣員們，然後他轉過頭來對赫爾說：國務卿先生，你同意這句話吧？赫爾回答說：唔，總統先生，今天我來開會之前，有幾名新聞記者闖到國務院來採訪我，他們對我說有人認為白宮的膳食很好，希望得到我的意見。我告訴他們說：

「我從來沒有吃過白宮的飯」。他們驚訝地喊說：什麼？我們知道你經常在白宮吃午飯。我說：這話不錯，不過我在往白宮之前總先吃過飯，然後在總統吃飯時，我才有機會說幾句話。赫爾說完這番話後，羅斯福總統和全體內閣成員都哈哈大笑。羅斯福總統以後也注意讓人發表意見了。

在羅斯福問赫爾自己講話多不多時，赫爾沒有直接回答，而是講了一個小故事，映射出總統講話太多了，並且他的幽默使總統非常高興。通過這種委婉得體的方式向主管提意見，要注意場合和採用合適的方式，要注意提意見時不要傷害長官的面子。下屬只有保證長官的面子不受損害，你的意見才能夠為長官接受。

在與長官進行語言溝通時不要代替長官做出決定，應該委婉得體地向長官提出建議，引導長官，讓長官說出自己的決定，這樣才能與長官保持融洽和諧的關係。

語言高傲，必招厭煩

在言辭上低調是做人的重要品質，與人談話切不可讓人聽出你有傲氣、瞧不起人、教訓人、挖苦人的感覺。即便自己事業上取得了一定的成績，或者有了一些特殊的優勢，千萬不要傲氣十足，牛氣沖天，自以為高人一等，處處唱高調，時時擺身份，想怎麼說，就怎麼說。只圖自己痛快，不顧別人感受，遲早會因失語於人而殃及己身。

說話時放低姿態是一種藝術，特別是當對話的雙方地位懸殊時，地位高者採用適當的低姿態會滿足一般人的自尊心理需求，這樣的講話方式理所當然地會受到對方的歡迎。放低姿態，不是讓你低聲下氣、奉承諂媚。

美國有位總統，在慶祝自己連任時開放白宮，與一百多位小朋友親切會談，「小時候哪一門功課最糟糕，是不是也挨老師的批評？」小約翰問總統：「我的品德課不怎麼好，因為我特別愛講話，常常干擾別人學習。」「老師當然要批評的。」總統告訴他說。總統的回答，使現場氣氛非常活躍。後來有一位叫瑪麗的女孩，她來自芝加哥的貧民區，她對總統說，她每天上學都很害怕，因為她害怕路上遇到壞人。此時，總統收起笑容，嚴肅地說：「我知道現在小朋友過的日子不是特別如意，因為有關毒品、槍支和綁架的問題，政府處理的不理想，我希望妳好好學習，將來有機會參與到國家的正義事業之中。也只有我們聯合起來和壞人作抗爭，我們的生活才會更美好。」

這位總統緊緊抓住了小朋友的心，使小朋友在心裏面認為總統和他們是好朋友。即使場外的大人們看到這樣的對話情形，也會感到總統是一個親切的人。總統告訴小朋友們，自己的過去和他們一樣，也常被老師批評，但只要經過自己的努力，也會成長為有用的人。總統在認同小朋友對社會治安擔心時，還鼓勵小朋友參與正義事業，因為那樣正義者的力量會更大。

總統放低姿態的談話方式使小朋友們發現，總統和他們之間沒有任何距離，也像他們一樣是普通人，是可親近的、可以信賴的「大朋友」。

大人物和普通人說話時放低姿態，不僅拉近了雙方的距離，而且更容易溝通，更容易讓對方從心理上接受自己。身在職場處於優勢時，自然是可喜可賀的事。如果別人一奉承，你就馬上陶醉而喜形於色，這就會無形中加強別人的嫉妒心理。所以，面對同事的讚許恭賀，應謙和有禮、虛心，這樣不僅能顯示出自己的君子風度，淡化同事的嫉妒心理，還能博得同事對你的敬佩，維持和諧良好的人際關係。

「滿招損，謙受益」，這是再淺顯不過的道理。然而，有許多自以為有點資歷的人，總是在這個道理上犯錯。只要有眾人的地方，他們就會產生一種莫名的鶴立雞群感，優越感特別強；他們總是不失時宜地張著「大嘴」賣弄自己所謂的本事；他們不因為自己缺乏內斂或丟人現眼而感到羞恥，反而為能博得一些和他們同樣缺乏內斂的人，淺薄喝采而沾沾自喜。更要命的是，他們說話不分輕重，經常忽略了說話應該給自己留些餘地的道理，只要嘴巴一張，便是狂言亂飛，甚至不惜以貶低他人的手段，來抬高自己伶牙俐齒的「嘴功」，而恰恰正是這種所謂的「嘴功」，在關鍵時刻最易暴露出力不從心的低能，以至誤事誤人也誤己。

我們應該很清楚《三國演義》中蜀軍失街亭事件，那正是好大喜功的馬謖口出狂言所致。

馬謖是謀士馬良之弟，自幼熟讀兵書，但卻攝入多、消化少。在得到諸葛亮的賞識後，卻養成了自高自大、動輒口出狂言的脾氣。建興六年，諸葛亮出師北伐，想到了咽喉之地街亭必須派重兵留守，便問：「誰敢引兵去守街亭？」言未畢，馬謖毫不猶豫地搶言：「吾願往」。可見其心性浮躁、好大喜功。當孔明指出街亭要地易攻難守時，馬謖卻不屑地說：「吾自幼熟讀兵書，頗知兵法。豈一街亭不能守耶？」其狂妄自大、驕傲輕敵的思想已暴露無遺。當諸葛亮委婉地指出對手非同小可、難以勝之時，馬謖更是口出狂言，不僅把對手貶得一文不值，還以全家性命為擔保立軍令狀，狂妄的已經失去了理智。結果呢？他還是因為指揮無方，致使蜀軍潰敗。

無疑，馬謖是有一點墨水就急急忙忙往外倒、唯恐路人不知的庸才。庸才在不知其庸，反以為智的時候變成了狂人。現實生活中，像馬謖這樣的狂人又有多少呢？如今，那些原屬於他們的浮華已散盡，個個無不落得個英雄氣短、滿目迷茫。

是不是因為物慾文明的催生所致，如今社會上各類職業當中都有動輒口出狂言的人。

二〇〇二賽季的NBA剛開打不久，對新加盟火箭隊的隊員姚明嗤之以鼻的原NBA球星巴克力在TNT電視臺的「NBA內部秀」節目上滔滔不絕，並口出狂言地說，如果姚明能夠在本年度的任何一場常規賽上得到十九分，他就會去「親吻」肯尼・史密斯的屁股。這句話經過若干次「誤傳」後，到姚明的耳朵時就成了「如果姚明得到十九分，巴克利就會親吻姚明的屁股」。姚明聽了後就笑著說：「那好，我就拿十八分算了。」結果火箭隊在客場挑戰湖人隊時，姚明攻下了二十分，在為自己贏得尊重的同時，也把巴克力逼入了「絕境」。而肯尼・史密斯在得知姚明得了二十分後欣喜若狂，表示一定要讓巴克力履行諾言。巴克力要非常難堪地去應付他的「賭債」。不久，鏡頭聚焦，鎂光燈燈光閃耀，在周圍發出的一陣狂笑聲中，巴克力一臉難堪地蹲下身去，無奈地、痛苦地朝肯尼・史密斯的屁股吻去……

上述場面並非虛構，而是全世界從NBA球星到球迷無人不知、無人不曉的「吻屁股佳話」。然而人們在評傳「吻屁股」故事之餘，感想更多的並不是「吻屁股」本身，而是妄自尊大、口出狂言之禍！

用友善的語言贏得同事的好感

會說話的人，可以使自己在職場中的交往如魚得水。這裡所謂「會說話」的人並不是指那種擅長討價還價的人，也不是指那種在爭論中胡攪蠻纏、無理也能辯出三分的人，而是指能夠因人而異，善於用友善的語言打動人心，使對方感到震撼、信服或感激的人。

同事間交流與合作離不開語言，而這種語言又不同於妻子兒女、兄弟姐妹間所使用的語言。後者帶有更大的隨意性和偶然性，而前者大體來看，大部分時間都是和勢語言，用於同事間不存在利益衝突的談話情況。

中國人自古以來都格外地強調人和的因素，諸如和氣生財、和為貴、家和萬事興之類的古訓，至今仍被人們所津津樂道。不管你在你所處的公司、單位或任何一個利益共同體中處於怎樣的位置，都應該與你的同事團結一致。內訌只能使每個人的利益都受到損失，在與同事交往時說一些友善的語言便顯得相當重要。

不管與任何一位同事談話時，都該記住這樣一句話：「人人都非同尋常！」即使再煩、再累、情緒再不佳，也要把對方作為一個重要人物來看待。凡有可能要對對方講幾句恭維話時，哪怕僅僅是一句簡短的評價，比如你看上去特別有精神。這個髮型最適合你、你的孩子可真爭氣，將來肯定有出息之類的話。這些友善的話不僅能獲得同事對你的好感，同時也能增進你們之間的感情。

卡耐基本人曾親身經歷過這樣一件事：在一個落葉繽紛的秋天，卡耐基望著窗外的世界，內心似乎在思索些什麼。經濟危機已持續了幾周，卡耐基似乎覺得自己現在一無所有，有點兒像即將行乞的乞丐。突然，電話鈴聲響了。卡耐基拿起電話，從電話那邊傳來一個憂慮的聲音：「喂，請找卡耐基先生。」「我就是。」「謝謝上帝，我想和你討論一個如何和下屬相處的問題。」卡耐基此刻才真正地要謝謝上帝了，因為已很久沒有人向他請教此類問題了，該死的經濟危機，已將他逼入絕境了。於是卡耐基約他在馬格爾大街一家叫「常青藤」的小酒店裏見面。那個人比卡耐基更早來到這家酒店，見卡耐基進來，立刻迎了上來。他叫羅慕洛，是一家珠寶商店的經理，開口便說：「我想討教一下如何和下屬相處得更融洽的問題，這樣會使我的生意更加興旺。」卡耐基問：「你經常嚴厲地教訓和責備你的下屬嗎？」「有時我生氣了，就會批評他們。」卡耐基又問：「你經常正面激勵和表揚他們嗎？」「我，我是一個不苟言笑的人，有時我的下屬成績很突出，我也很少表揚他們。」卡耐基笑了笑，便和他討論起人在情感上是需要得到表揚和激勵的，特別是他們的上司和父母從正面表揚或激勵他們時，他們的創造力會比平常提高八成。羅慕洛略有所悟，卡耐基便建議他不妨從正面多表揚表揚他的下屬，這樣更有利於溝通。卡耐基的這番話使羅慕洛恍然大悟，他對卡耐基說回去試試，便告辭走了。

十天後，他們又見面了，這時，羅慕洛滿臉的興奮，他很激動地說：「卡耐基先生，你這套方法真管用。第二天，我上班時，秘書遞給我她昨天寫的檔案，我覺得文件寫得不錯，便結結巴巴地說了一句：「妳這份文件寫得不錯。」沒想到我的秘書臉一下紅了，有點兒吃驚，但她以後工作就賣力多了。

這個故事告訴我們：工作中的一句讚美，一句友善的話是多麼的重要。

一般來說，對於一個上班族，每天相處時間最長的就是自己的同事，一個上班族每天工作八小時，一周有五個工作日是在工作中度過的。因此，搞好同事之間的關係是非常重要的。除了注意交談時的語言技巧之外，還應該在和同事交往中，表現出你的寬容和修養，學會用寬容的語氣和同事交談。當和同事發生分歧時，如果你能夠通過一番巧妙友善的言談，不僅能使同事心頭一鬆，豁然開朗，沖淡了被自己拒絕的尷尬和不快，同時也為自己以最好的方式解圍，這位同事不僅不會埋怨你，相反還會更加信任、讚美你。如果與人交往時，你總能夠舉止得體談吐大方，不僅可以擁有很好的人脈，還可使你氣質優雅，風度迷人！

最後，還值得提醒的是，使用友善語言的時候，最忌過多的使用「我」字。古希臘著名哲學家蘇格拉底從來不說「我想」，而說「你看呢」。要知道，一個獨霸談話，張口閉口都是「我」的人是多麼令人討厭。

低調好辦事，高調難收尾

美國開國元勳之一的佛蘭克林年輕時，去一位老前輩的家中做客，昂首挺胸走進一座低矮的小屋子，一進門，「嘭」的一聲，他的額頭撞在門框上，青腫了一大塊。老前輩笑著出來迎接說：「很痛吧？你知道嗎？這是你今天來拜訪我最大的收穫。一個人要想洞明世事，練達人情，就必須時刻記住低頭。」佛蘭克林從此記住了，最後也獲得了成功。

低調做人，是一種品格，一種姿態，一種風度，一種修養，一種胸襟，一種智慧，一種謀略，是做人的最佳姿態。低調做人，不僅可以保護自己，融入人群，與人們和諧相處，也可以讓人積蓄力量、悄然潛行，在不顯山不露水中成就事業。

「不爭者勝天下」。中國的大智者老子說：「夫唯不爭，故天下莫能與之爭。」這句話的意思是，正因為不與人相爭，所以遍天下沒人能與他相爭。這可是一個充滿大智慧做人與做事的哲學。可惜的是，兩千多年來，能參悟和運用這一做人哲學的人如鳳毛麟角。在名利權位面前，人們常常忘乎所以，一個個像烏眼雞似的，巴不得你吃了我，我吞了你。但到頭來，這些爭得你死我活的人，大都落得個遍體鱗傷、兩手空空，有的甚至身敗名裂、命赴黃泉。當然，也有深諳此術並獲得成功的人。

三國時的曹操很注重接班人的選擇。長子曹丕雖為太子，但次子曹植更有才華，文名滿天下，很受曹操器重，於是曹操產生了換太子的念頭。曹丕得知消息後十分恐慌，忙向他的貼身大臣賈詡討教。賈詡說：「願您有德性和度量，像個寒士一樣做事，兢兢業業，不要違背做兒子的禮數，這樣就可以了。」曹丕深以為然。一次曹操親征，曹植又在高聲朗誦自己做的歌功頌德文章來討父親歡心，並顯示自己的才能。而曹丕卻伏地而泣，跪拜不起，一句話也說不出。曹操問他什麼原因，曹丕便哽咽著說：「父王年事已高，還要掛帥親征，作為兒子心裏又擔憂又難過，所以說不出話來。」一言既出，滿朝肅然，都為太子如此仁孝而感動。相反，大家倒覺得曹植只曉得為自己揚名，未免華而不實，有悖人子孝道，作為一國之君恐怕難以勝任。畢竟寫文章不能代替道德和治國才能吧，結果還是「按既定方針辦」，太子還是原來的太子。曹操死後，曹丕順理成章地登上魏國皇帝的寶座。

其實剛開始時，曹丕是很不甘心自己的太子之位要被弟弟奪走，他想拚死一爭，卻又明知自己的才華遠在曹植之下，勝數很小，一時束手無策。但他畢竟是個聰明人，經賈詡的點化，腦袋頓時開竅：爭是不爭，不爭是爭。與其爭不贏，不如不爭，我只需恪守太子的本分，讓對方一個人盡情去表演，公道自在人心！最後，這場兄弟奪嫡之爭，以不爭者勝而告終。

曹丕以不爭而保住太子之位，而東漢的馮異則以不爭而被封侯。

西漢末年，馮異全力輔佐劉秀打天下。一次，劉秀被河北王郎圍困時，不少人背離他去，而馮異卻更加恭維劉秀，寧肯自己餓肚子，也要把找來的豆粥、麥飯進獻給饑困之中的劉秀。河北之亂平定後，劉秀對部下論功行賞，眾將紛紛邀功請賞，馮異卻獨自坐在大樹底下，隻字不提饑中進貢食物之事，也不報請殺敵軍功。人們見他謙遜禮讓，就給他起了個「大樹將軍」的綽號。

爾後，馮異又屢立赫赫戰功，但凡議功論賞，他都退居廷外，不讓劉秀為難。

西元二十六年，馮異大敗赤眉軍，殲敵八萬，使對方主力喪失殆盡，劉秀馳傳璽書，要論功行賞，「以答大勳」，馮異沒有因此居功自傲，反而馬不停蹄地進軍關中，討平陳倉、箕穀等地亂事。嫉妒他的人誣告他，劉秀不為所惑，反而將他提昇為征西大將軍，領北地太守，封陽夏侯，並在馮異班師回朝時，當著公卿大臣的面賜他以珠寶錢財，又講述當年豆粥、麥飯之恩，令那些為與馮異爭功而進讒言者羞愧得無地自容。

這兩個故事都告訴了我們一個道理，做人要低調，「不爭者勝天下」。這一哲學不但適用於古代，更適用於我們今天的社會。在我們這個物質豐富的社會裏，爭名奪利的事情每天都在發生，有人為的圈套，也有自然的陷阱，它們如同一個巨大的漩渦，把無數人都捲了進去。

對此，最聰明的做法是，迅速遠離它。因為在橫渡江河時，只有遠離漩渦的人，才會首先登上成功的彼岸。

低調做人，有益於調整自己的慾望和要求，有益於贏得上司的倚重和信賴。另外，低調做人，更不會表現出自己爭強好勝的性格，當然也不會引起主管的戒心。在主管面前要謹言慎行，放低姿態，這是自我保護的良方。要想在辦公室中保持心情舒暢的工作，並與主管關係融洽，那就要多注意自己的言行。對於姿態上低調、工作上踏實的人，上司們更願意任用他們。如果你幸運的話，還很可能被上司意外地委以重任。我們要永遠記住：低調好辦事，高調難收尾。

不要在背後論人是非

喜歡搬弄是非、挑撥離間，到處說別人壞話的人，最終都會使自己受害。即使能夠傷到別人，那也只是暫時的，卻不可能使自己長期受益。因此，不要輕率地在背後評價、譏諷別人。

俗話說：「紙包不住火」，「若要人不知，除非己莫為」，說別人的壞話，遲早都會傳到別人的耳朵裏面去，結果必將引來仇恨和報復。

《伊索寓言》裏講過這樣一個故事：

有一頭獅子老了，病倒在山洞裏。除了狐狸外，森林裏所有的動物都來探望過他們的國王。狼因為對狐狸有所不滿，就利用探病的機會在獅子面前詆毀狐狸。狼說：「大王，您是百獸之王，大家都很尊敬、愛戴您！可是，您現在生病了，狐狸偏偏不來探望您，他一定是對大王心懷不滿，所以才會這樣怠慢您啊！……」正說著，恰好狐狸趕來了，聽見了狼說的最後幾句話。一看見狐狸走進來，獅子就氣憤地對著他大聲怒吼起來，並說要給狐狸最嚴厲的懲罰。狐狸請求獅子給自己一個解釋的機會。他說：「到您這裡來的動物，表面上看起來很關心您，可是，他們當中有誰像我這樣為您不辭勞苦地四處奔走，尋找醫生，問治病的方子的？」獅子一聽，便命令狐狸立刻把方子說出來。狐狸說：「只要把一隻狼活剝了，趁熱將他的皮披到您身上，大王的病很快就會好了！」

頃刻之間，剛才還在獅子面前活靈活現地說狐狸壞話的狼，就變成了一具死屍，躺在地上了。狐狸笑著說：「你不應該挑起主人的惡意，而應當引導主人行善心。」

在工作中也存在這樣一種人，他們說話做事，人前一個樣，人後又是一個樣。這樣的人在別人面前有時甜言蜜語，而背後卻很可能說你的壞話，給你造成不利的人際關係，嚴重破壞了同事之間的團結。

喬凱和鮑冰同在一家公司工作。鮑冰在公司人緣極好，他不僅技能精湛，而且總是笑臉迎人，和同事和諧相處，樂於幫助別人，同事對他的評價很高。

一天晚上，喬凱有事找經理，到了經理門口時，聽到裏面有人正在說話，並且依稀有鮑冰的聲音，他聽到鮑冰正在向經理說同事的不是，平時很多不起眼的小事被鮑冰添油加醋地說著，並且還說到自己的壞話，藉機抬高他本人。喬凱不由一陣厭惡，從此以後，喬凱對於鮑冰的一舉一動，每一個表情，每一句話都充滿了厭惡和排斥感，他無論表演得多好，說任何好聽的話，喬凱都對他存有戒心。而經理對鮑冰的態度也發生了變化，他對鮑冰很冷淡，因為他也有一雙眼睛，他發現有些事並非像鮑冰所說的那樣嚴重，他覺得鮑冰的人品有問題，因而在內心裏已生厭惡之感。

古人指出：「見得天下皆是壞人，不如見得天下皆是好人，有一番薰陶玉成之心，使人樂於為善。」他的意思是與其把天下之人都看成是壞人，不如把天下之人盡看成是好人。這樣做的好處是以自己的真善美之心來薰陶別人，幫助他人也樂於形成向善的思想。

這條古老的名言在這裡說了一個很簡單的道理，那就是人的心境完全取決於人的思想觀念，當你看天下所有人都是壞人，都對你有不良企圖的時候，你的心情肯定好不了，甚至都要問問自己的神經還是否正常，整天疑神疑鬼，簡直是非人過的日子。但是，當你認為天下人都是好人，都會給你關心，給你幫助時，你的心情一定開朗，感覺每一天都是陽光燦爛的日子。所以，我們一定要採取這樣一個原則，不要輕率地評價、譏諷別人，更不能在背後去論人是非。

生活中有些事，是不能用是非曲直把它說清楚的，抑或根本就沒有必要去分出個是非高下。只有公堂之上的審判官才必須用是與非來評判受審者，為的是還給他自由或剝奪他的自由，那是一種無奈的職業。

而我們在生活中，總希望活得輕鬆、自在，為什麼要像法官那樣費盡周折去定是非呢。所以定是非無非是爭強好勝的心理在作祟，圖自己一時的痛快，全然不顧他人的感受，對於那些生活上雞毛蒜皮之事，既使你對了、他錯了，又能說明什麼問題呢？結果並不見得是對方承認你聰明，反而倒是彼此在心中拉開了一段距離，影響了彼此之間的和睦氣氛。

有些人不但在生活上喜歡分出個是非曲直，而且在做學問時，也會犯譏諷古人的錯誤，總愛給古人們排個先後，評個高下，談論中不禁口出狂言，養成不自量力的習氣。凡是善於學習的人，對於別人的一點點優勢特長都虛心領受，用心揣摸，總把它學到手，哪裡有狂妄評判指摘的舉動呢？

所以，不要在背後譏評別人，要緊的是在內心中戒除一個「傲」字，對待朋友、家人、古人都不能過於苛刻，處理事物時要處處留有分寸，看待周圍的人時，多從好處著眼，只要大是大非不亂，小是小非就不要去深究了。這樣天長日久，在你身邊必定會形成和諧順暢的氣氛。

用讚賞的語言對待每個人

美國心理學家威廉・詹姆斯說：「人性最深切的渴望，就是擁有他人的讚賞。」社會心理學家認為，受人讚揚、被人尊重能使人感受到生活的動力和自身的價值；甚至可以說，人們拚搏、取得成就，目的之一就是贏得他人和社會的讚許和重視。如果一個人的長處得到別人的肯定，他就會感到自我價值得到了確認，獲得滿足感和成就感。

在人際交往中，如果我們懂得並能滿足別人的這種心理渴望，懂得讚美，善於讚美，那麼我們的人際關係就會大大改善，用讚美、友善的語言，也可以打動對方，使我們順利的達到自己的目的。

斯特伯是一位工程師，他嫌自己的房租太高了，想降低一點，但他知道，他的房東是個老頑固。想來想去，他便寫了一封信給房東，告訴房東他的租約將終止，將要搬出公寓。其實出於內心他並不打算搬走，只是嫌房租太貴了。他想讓房東為他減免一些房租費。其實他也知道這是不容易的，因為其他的房客都曾經嘗試過多次，結果都以失敗而告終。那些房客也曾經多次勸他，房東是一個很頑固的人，可是他還是對房東抱有一絲希望。房東看過他的信後，沒多久便找他談話。剛開始時，斯特伯並沒有談到房租問題，只是說他特別喜歡這所公寓。他一面讚揚房東對房子的管理方式，一面表示他因經濟緊張，自己無法在這間房子繼續住下去。緊接著，房東就將自己所遇到的許多困擾告訴了斯特伯。有的房客寫信侮辱和恐嚇房東，還有房客以言語威脅房東。房東對斯特伯說：「像你這樣不挑剔的房客，對我而言，真是太好了。」於是房東就主動地降低了一些租金。而斯特伯則希望再多減些租金，所以就提出自己的意見，房東一句話也沒多說就欣然的接受了。

如果斯伯特也和其他的房客一樣，用同樣的方法要求房東的話，他的房東肯定是不會同意的。他緊緊抓住了房東的心理，以友善、讚揚及同情打動房東，便使自己減免了房租，能夠繼續住下去。

讚賞別人，好像用一支火炬照亮別人的生活，也照亮自己的心田。讚賞別人不僅有助於彼此之間友誼的發展，而且還可以消除人與人之間的怨恨，讓人與人之間的相處變得更為融洽和諧。不僅在生活中要學會讚美，在國際事務中適當的讚美也能博得他人的歡心，收到意想不到的效果。

別人好的一面我們就應該發覺，也應當給予讚美。無論生活中，還是政治上，只要我們以寬厚之心待人、論人，就會贏得對方的喜悅，在由衷讚美對方，給對方帶來被肯定的滿足感和愉快感時，你也會分享一份不易獲得的喜悅和樂趣。

你如果通過真心誠意的讚揚，經常激勵對方，經常給對方打氣鼓勵，那麼對方無論是孩子、妻子、丈夫，還是上司、職工和學生，都會自然地顯示出友好和合作的態度來。從某種意義上說，這種神奇的效果簡直叫人不可思議。

讚美他人，應該是我們日常溝通中常常碰到的情況，要建立良好的人際關係，恰當地讚美別人是必不可少的。事實上，我們每個人都希望自己的工作受到別人的讚美。我們花了很大的精力，希望從他人那裡得到賞識。可惜，我們之中認為周圍的人能充分理解自己言行的並不多，而我們自己也很少放下架子，去讚美那些發生在我們周圍的、我們所喜歡的言行。

美國著名社會活動家曾推出一條原則：「給人一個好名聲」，讓他們去達到它。他們寧願做出驚人的努力，也不會使你失望。因為每個人都喜歡被讚美，讚美是不會被人們拒絕的。所以，我們要學會用讚賞的語言去對待每一個人。

第四章

說話把握分寸，深淺適度

中國人自古就講究說話尺度和辦事分寸。古人說：「遇沉沉不語之士，且莫輸心；見悻悻自好之人，應須防口。」世事洞明皆學問，人情練達即文章。可見，不管是與人說話、與人交往、與人辦事，都蘊含著分寸的玄機。說話有尺度，交往講分寸，辦事講策略，行為有節制，別人就很容易接納你，喜歡你，幫助你，尊重你。反之，你若不懂分寸，說話冒失，辦事不講原則，舉止失體，不識深淺，不知薄厚，就會人人討厭，時時難過，事事難為，處處碰壁。說話的尺度和辦事的分寸類似於一匹寶馬，駕馭好了可以日行千里，幫你衝鋒陷陣；駕馭不好，就可能讓你摔跟頭，甚至踢傷別人。

注意語言火候，話到嘴邊留半句

卡耐基說：「好口才是社交、事業與生存的需要。它不僅是一門學問，還是你贏得事業成功資本。」只要把握好說話的分寸，你就掌握了開啟成功之門的鑰匙。能說話不等於會說話，會說話不等於懂分寸。只有把握說話的分寸、力度，才能把話說到人的心坎兒上，才能達到「一語驚起千層浪」的效果！

「說者無心，聽者有意」是中國的一句古話，你明明只是無心地說了一句話，卻「有意」地傷害到了別人。輕則引起對方的反感，重則給自己引來災禍。因此，當你在和陌生人打交道時，就需要謹言慎行，把握好說話的分寸，做到話到嘴邊留半句。

《史記》裏有這樣一個故事：平原君趙勝的鄰居是個瘸子。一天，平原君的小妾，在臨街的樓上，見到瘸子一瘸一拐地在井臺上打水，大聲譏笑了一番。這位身殘志堅的仁兄心生忿怒，於是找到趙勝反映這一情況，要求趙勝殺了這個小妾。見趙勝猶豫，此兄勸說道：「大家都認為平原君尊重士子而鄙賤女色，所以，士子們都不遠千里來投奔您。我不過是有些殘疾，卻無端遭到您小妾的諷刺、譏笑。所謂士可殺而不可辱，請您為我做主。否則旁人會認為您愛色而賤士，從而離開您。」平原君這才恍然醒悟，終於毅然斬了這個說話沒有分寸的小妾，登瘸門道歉。

故事裏的小妾就是因為說話沒有分寸，不講火候才引來災禍。歷史上因一言不慎引來殺身之禍的人舉不勝舉，可見注意說話的分寸是件多麼重要的事情。

通過上面的故事，我們可以得知，如果你想在社交場合中成為一個受歡迎的人，就必須時刻提醒自己不要犯無心傷人的錯誤，避免自己的一句閒話傷到別人的自尊心。特別是作為主管者更要注意說話的「火候」，掌握說話的分寸。說話是一門藝術，說與不說，說多說少，其效果各不相同。企業主管者為了顯示自己的權威和分量，總是三緘其口、故作高深，使下屬對工作不明不白，工作成效也是不痛不癢。其實，主管者的威嚴與說話的多少並不構成一對一的關係。主管者說話的目的在於使對方能夠聽明白、聽進去，並能切實遵從教誨，改善工作績效。

掌握說話的「火候」是主管者交付工作卓有成效的關鍵，它因人、因事、因場合而異。不可否認，在某種情況下，主管惜「話」如金確實能產生一定的威力。這自然是相對於「婆婆媽媽」、絮絮叨叨而言。主管會視說話的物件、說話的內容而定。如果對於一些簡單的問題自然是一錘定音，不必三令五申；如果對方能迅速領悟主管說話的用意，自然也應刪繁就簡。簡促而有力，擲地而有聲，也顯示了主管的魄力和風度。相反，如果拘泥於一些細微之處，重複囉嗦，不僅浪費唇舌，還會使對方因而生厭，產生逆反心理；或者認為是主管對自己工作的不信任，因而也可能會不自覺地降低工作積極性，影響工作效率。同時，也會讓下屬對長官的表達能力和水準產生懷疑，影響主管的形象和威嚴。

在一些特殊的場合，主管需要加大說話的分量，以產生強調的效果。如果問題本身具有相當的複雜性，難以三言兩語說清楚，主管則應該耐心細心地分析來龍去脈，不吝嗇做出更多的合理解釋和疏導；如果下屬或其他人對主管的話語不夠理解，只是一知半解、似是而非，那麼，主管也應該作更進一步的說明，多多溝通，力求使對方達成對自己的認可。這既可以達到處理問題、化解執行不力的成效，又可以達成上下級之間有效的溝通交流，構建和增強向心力。

反之，如果主管對下屬的「一知半解」狀態不屑一顧，任憑其猜測和議論，就很可能使自己的指示不能很好地得到貫徹執行，造成工作中的偏差和失誤。誤解之下自然就難有主管的威嚴可言；如果一再堅持自己的「高姿態」，把與下屬的溝通視為一種浪費口舌、多此一舉，又怎能贏得下屬由衷地尊重與愛戴？自然，主管的威信也會大大降低。當然，對下屬而言，也一定要明白和理解主管的思路，要樹立起以團隊整體為核心的思想意識。一方面要對主管的指示銘記於心並切實遵從實施，不可以不求甚解、泛泛而過；另一方面也不可以因為個人早已「明白」而視主管的再三「強調」為重複囉嗦，要懂得主管的「強調」必有其客觀原因，是針對尚未明白的下屬而言，也是為了讓每一位下屬都明白，從而開發團隊整體的最大合作力。因此，自己的明瞭不等於他人也同樣明瞭，因而要能理解主管的用心，這才是對主管真正意義上的支持和尊重。

總而言之，說與不說、說多說少都不可一概而論。主管要根據不斷變化的情況適時調整、把握「火候」，力求做到恰到好處，才可構建真正的威嚴；下屬也可從主管的說話中多多領悟、不斷長進。

對於在社會場合的一般人，也同樣要注意語言的火候，說話的分寸。並不是所有的話題在任何時間、任何地點都適合拿來公開談論，因此，要想在社交場合中建立起良好的口碑，贏得好人緣，就要時刻注意談話的禁忌，從而在談話中避開一些暗礁。我們的言行舉止，都會給周圍的人帶來反應，反應效果要靠自己把握。掌握好語言的分寸，你和對方的交往氣氛將會保持和諧愉快，還能有助於感情的升溫。

說話要注意曲直，醉翁之意不在酒

會說的人不一定說的好，原因有很多，其中說話不講分寸是話說不好的一個重要原因。說話直來直去是一個人致命的缺點，這樣的人說話不會在乎別人的感受，從來都是從自己的主觀意願出發，看事總是看事物的表面，從來都不會考慮到旁人的立場、觀點、性格或是感受。所以，直言直語不論是對人或是對事，都讓人難以接受。

任何一種意思都可以含蓄隱晦地表達，與朋友說話時，為了避免招惹對方的不快，切忌言語太直，無論是深交還是淺交，說話時都要特別的注意，否則，你的話語就會變成無意的重傷，使得他失去尊嚴。即使你真想說出來，你也要找到合適的場合，委婉的表達自己的意思，就能收到所期望達到的效果。無論是對你的朋友，還是對你的親人，說話都要講究分寸，要點到為止，在尊重別人的同時，才能受到別人的尊重。「惡語傷人半句多，良言一句三冬暖」，這句話很有道理。

要想委婉的表達自己的意思，就要仔細研究事物之間的內在聯繫，利用同義詞語來表達自己的思想，達到委婉含蓄的效果；由外延邊界不清或在內涵上極其籠統概括的語言來表達自己的思想，達到含蓄效果；利用多種修辭方式，如比喻、藉代、雙關、暗示等，來達到含蓄的效果；有些事情不需直接點明，只需指出一個較大的範圍或方向，讓聽者根據提示去深入思考，尋求答案，可達到含蓄的效果；通過側面回答一些對方的問題，達到含蓄的效果。在使用委婉含蓄的語言時也要注意，委婉含蓄並不等於晦澀難懂。它的表現技巧首先建立在讓人聽懂的基礎上，同時要注意使用範圍。如果說話晦澀難懂，便沒有了委婉含蓄可言；如果使用委婉含蓄的話不分場合，也可能會引起不良後果。

曲徑通幽，就是對話時不直截了當，而是從側面切入，暗中點明自己要說的主要含義。將話說在明處，而含義卻藏在話的暗處。

一個公司的職員到主管家求主管幫忙辦事，主管夫人熱情招待，很有禮貌地端果倒茶。這位職員辦完事後，竟然在主管家與主管高談闊論起來。天色已經很晚了，主管的孩子還要早點休息，主管夫人也很疲倦了。但是，客人此時說得正酣，也不好直接請客人出門，怎麼辦呢？主管夫人便到廚房收拾了一下家務，然後回到客廳對丈夫說：「人家這麼晚來找你，你快點給人家想個辦法，別讓人家總這樣等著。」然後又對客人說：「您再喝杯茶吧。」這位職員聽到主管夫人的話，很知趣地聽出了主管夫人的弦外之音，馬上告辭了。

主管夫人將自己的意思曲折地表達出來，既尊重了客人，不至於讓客人難看，又不需直接說出自己的想法。表面看她是在為客人說話，為客人幫忙，但實際卻在傳達另一個含義。這種因情因勢的表達，語言得體，又達到了自己的目的。

在我們的正常理解中，說話本應準確、清楚，但在語言的實際運用中，許多話是不必說得過於清楚的。具有一定的含蓄性，反而能讓語言表達更有魅力。比如當你去拜訪朋友時，主人熱情地拿出水果、零食招待你。如果你直言說：「不吃不吃，我從來都不喜歡吃零食的，再說我也剛剛吃完飯，肚子飽得很，哪有胃口吃這些東西啊！」這樣不僅讓主人掃興，還會傷害主人的自尊心。但如果表達含蓄一點，效果就完全不一樣了：「謝謝，多新鮮的水果啊，多香的糕點。可惜我剛剛吃完飯，沒有胃口吃了，真是太遺憾了。」主人聽了這樣的話，心裏無疑會很受用，而你也達到了自己所要表達的含義。

總之，說話不一定要直來直去，要注意曲直，委婉含蓄地表達，這樣不僅容易讓人接受，還可以深得人心。畢竟春風襲人的語言，人人都愛聽。

把糊塗話說明白，把明白話說含糊

「把糊塗話說明白，把明白話說含糊」，日常生活中要能做到這一點的確是不容易。很多人說話都喜歡直來直往，想什麼說什麼，固然是一種好習慣。但有時難免遇到不便直說、不忍直說、不能直說的情景。在這種情景下，如果說了直話，可能影響到人際關係，給自己添麻煩，傷害到別人。

所以，委婉含蓄的表達自己的意思，往往能夠收到所期望達到的效果。在某些場合說話要講究一點技巧，比如故意說些與本意相似或相關的事物，委婉含蓄地表達原來直說的話。委婉含蓄的語言，更容易被別人接受，更能表現出對別人的尊敬，達到有效交流，溝通思想的目的。

含蓄，是一種巧妙和藝術的表達方式。在社交中，當我們很想表達一種內心的願望，但又難以啟齒時，不妨使用含蓄的表達方法。它有時要比口若懸河更能達到正確表達的目的，從而收到令人滿意的效果。委婉含蓄是一種魅力，無論在隨意的交談中，含蓄都大有講究，在某種意義上來說，沒有含蓄，就沒有藝術。堅實的土地，裸露的岩石，金色的海灘，有一種直率的美；而青紗薄霧，如泣的細雨，朦朧的黃昏，卻有一種含蓄的美。含蓄有時能幫助我們避免尷尬。巧妙地運用委婉含蓄的語言，看起來似乎說得輕描淡寫，但實際上卻說出了關鍵問題的所在。邱吉爾說過的一句話最讓人難忘：「英國在許多戰役中都是註定要被打敗的，除了最後一仗。」這既表明了英國的力量，也表明了委婉含蓄的力量。

在社會交際生活中，處處需要含蓄委婉的交談。學會含蓄，懂得委婉，可增強你的交際效果。可以說，委婉含蓄的語言實在妙不可言。

在總統競選中，兩度敗在艾森豪手下的史蒂文生也從未失去過幽默。在他第一次榮獲提名競選總統時，他承認的確受寵若驚，並打趣說：「我想得意洋洋不會傷害任何人，也就是說，只要人不吸入這空氣的話。」在他競選第一次敗給艾森豪的那天早晨，他以充滿幽默力量的口吻，在門口歡迎記者進來：「進來吧，來給烤麵包驗驗屍。」幾年後的一天，史蒂文生應邀到一次餐會上作演講。他在路上因閱兵行列的經過而耽擱，到達會場時已遲到了。他表示非常歉意，並解釋說：「軍隊英雄老是擋我的路。」

史蒂文生使用巧妙含蓄的語言，用一句句輕鬆、微妙的俏皮話，說得很委婉，從而改變了他在人們心目中的形象，使聽眾感到他並不是一個失敗者，即使沒有當選總統，他依然也是個贏家。我們在說話時，常常都會使用一些故意遊移其詞的手法，給人以風趣之感。有人談及某人相貌醜陋時，不會直接說「長得醜」，而用「長得抱歉點」、「長得安全」這樣的話來代替；談到某人對一個人、一件事有不滿情緒時，說他對此人此事有點「感冒」等等。這都是在委婉含蓄地表達事情的本意。

直言直語是一個人致命的弱點，因為喜歡直言直語的人常常只看到現象或表面，也只考慮到自己的「不吐不快」，而沒有考慮旁人的立場、觀念、性格和感受。所以，直言直語不論是對人或對事，都會讓人受不了，於是人際關係就出現了阻礙，同事們都離你遠遠的，生怕一不小心被你的直言直語灼傷。

在公司的一次集會中，張先生看到一位女同事穿了一件緊身的新裝，與她的胖身材很不相稱，張先生便直言直語說：「說實話，妳的這件衣服雖然很漂亮，但穿在妳身上就像給水桶包上了豔麗的布，因為妳實在太胖了！」女同事瞪了張先生一眼，生氣地走開了，從此再也沒有理過他。直率的語言猶如一把利劍，在傷害別人的同時，也會刺傷自己。

任何一種意思都可以含蓄隱晦地表達，與朋友說話時，言語不可太直，否則會招惹對方不快。因此，委婉地表達自己的意思，「把糊塗話說明白，把明白話說含糊」才能收到所期望達到的效果，才能獲得好人緣。

把握褒貶的分寸

生活中，每個人都喜歡被表揚、讚美，總是難以接受批評。但是「人非聖賢，孰能無過」？所以我們在處事中既要學會讚美別人，也要學會指出別人的缺點、過錯。但是讚美和批評要把握好分寸，過分的讚美容易被人誤解為「拍馬屁」，而過度的批評又會令人難堪、厭惡。

把握好褒貶的分寸，能夠使我們在為人處事中如魚得水。

讚美他人，是我們在日常溝通中常常碰到的情況。要建立良好的人際關係，恰當地讚美別人是必不可少的。事實上，我們每個人都希望自己受到別人的讚美。美國著名社會活動家曾推出一條原則：給人一個好名聲，讓他們去達到它。他們寧願做出驚人的努力，也不會使你失望。因為讚美是不會被人們拒絕的。我國清朝出現過一部《一笑》的書，裏面記載了這樣一則笑話：古時有一個說客，當眾誇口說：「小人雖不才，但極能奉承。平生有一願，要將一千頂高帽子戴給我最先遇到的一千個人，現在已送出了九百九十九頂，只剩下最後一頂了。」一長者聽後搖頭說道：「我偏不信，你那最後一頂用什麼方法也戴不到我的頭上。」說客一聽，忙拱手道：「先生說的極是，不才從南到北，闖了大半輩子，但像先生這樣秉性剛直、不喜奉承的人，委實沒有！」長者頓時手持鬍鬚，洋洋自得地說：「你真算得上是瞭解我的人啊。」聽了這話，那位說客立即哈哈大笑：「恭喜恭喜，我這最後一頂帽子剛剛送給先生你了。」

這只是一則笑話，但它卻有深刻的寓意。其中除了那位說客的機智外，更包含了人們無法拒絕讚美之辭的道理。如果你能以誠摯的敬意和真心實意的讚揚滿足一個人的自我，能夠恰到好處的讚美、奉承，那麼任何一個人都可能會變得更令人愉快、更通情達理、更樂於協力合作。讚揚一個人，一定要注意不要亂說一番，任意誇大情節，評價失衡，給小人戴大帽子，那樣是難以起到讚揚的正面效應的。

美國的一位學者這樣提醒人們：努力去發現你能對別人加以誇獎的極小事情，

尋找你與之交往那些人的優點，那些你能夠讚美的地方，要形成每天至少五次真誠地讚美別人的習慣，這樣，你與別人的關係將會變得更加和睦。因此，我們要學會讚美，但同時也要學會把握讚美的「度」。

在生活和工作中，無論是孩子、朋友、下屬還是同事，他們難免做出一些錯誤的事情，這個時候我們免不了要批評或者規勸他們，但是批評也是一種藝術，其出發點在於如何讓對方虛心接受批評，讓對方更加正確地行事，同時還要使自己的人際關係更加和諧。因此，我們要學會適時的批評，不能過度的批評。

心理學研究表明，一種批評如果反覆進行，就會失去作用。有的人在批評他人時，總以為自己站了理，批評個沒完沒了，其實這是低下的批評方法。有經驗的人在批評他人時，總是適可而止。批評別人時，每次可只提一兩點，切勿「萬箭齊發」，讓人難以招架，否則大多會使對方難堪。批評的話不宜反反覆覆，一經點明，對方已經聽明白並表示考慮或有誠意接受，就不必再說下去了。如果只圖嘴巴快活，說個沒完，就可能得到相反的效果。

而批評要注意方法，在批評人時，先給予對方表揚或稱讚，再找對批評的時機，掌握批評的火候，使被批評者虛心接受並且真心改正，從而達到最好的批評效果。

有位教練在糾正選手動作時，不說「不對，不對」，而說：「大致上不錯，但如果這樣糾正一下結果會不會更好？」他並非否定選手，而是先加以肯定再用提問的方式讓其修正。也就是說先滿足對方的自尊心，然後再把目標提高。如果只是糾正、警告的話，只能引起選手的反感，不會有任何效果。一般而言，當你將批評性質的話語通過讚賞、表揚的方式說出來後，可以幫助你營造和諧、友善的氣氛。此時若提出否定對方的意見，也不會讓對方感到不悅。

有效的批評必須把批評的「度」限定得恰到好處，批評要適可而止，過度和不及都會帶來負效應。不能使批評者背上沉重的包袱，但也不能大事化小，含糊其辭，要分清輕重之別，在批評對方時的分量要輕重適宜，該輕就輕，該重就重，切莫姑息遷就。

總而言之，在生活中，要想成為一個受人歡迎，處事圓滑的人，就要學會適度的讚美和批評別人，要把握好褒貶的分寸。

別把玩笑開過頭

開玩笑是我們日常生活中經常會發生的一個事件，同事之間相互開個善意的、恰當的玩笑，可以調節、活躍嚴肅環境的氣氛，緩解緊張工作帶來的壓力，增進彼此間感情的和諧。一個團隊中有一個喜歡開玩笑的人，就像引擎有了潤滑劑一樣，和諧、順暢，工作於其中的成員每天都是開心、舒暢的，這樣的人，帶給團隊的是另一種形式的凝聚力，他是團隊的一個活寶。同樣地，經常成為玩笑對象的人，也是團隊的活寶，更是歡樂的源泉。

不過任何事情都有一個度，開玩笑也是如此，開了過頭的玩笑相之於玩笑的對象，尷尬、沮喪甚至憤怒，影響了同事之間的感情，同時也給團隊的氣氛造成了緊張與壓抑，甚至損害辦公室成員之間的團結，這是我們不願意看到的，也可能是開玩笑的人始料不及的。因此，生活中我們要注意開玩笑的方法，控制好玩笑的度，即不開過頭的玩笑。

有這樣一個寓言故事：說的是有一隻軍犬，名叫黑子。牠目光如電，精神飽滿，威風凜凜，每逢嗅辨嫌疑犯時總能讓做賊者先心虛起來。隨著訓導員的一聲號令，黑子很快就用嘴把丟失的東西從隱秘處叼了出來，接著又向站著的人群跑去，沒費多少功夫，就叼住了那個小偷。黑子興奮地望向訓導員，等待著嘉獎。但訓導員卻使勁搖著頭對黑子說：「不！不是他！再去找！」黑子大為詫異，眼睛裏閃出迷惑的光。平時對訓導員的絕對信賴，又使牠轉回頭重新開始了更為謹慎的辨認。專業告訴黑子，牠沒有錯！於是重新又把那個小偷叼了出來。可是訓導員卻不容置疑：「不對！再去找！」黑子遲疑地盯著訓導員，轉回身去花更長時間去嗅辨。最後，牠還是站在了小偷的身邊，向訓導員堅定地望去：就是他！不會是別人！「不！絕對不是！」訓導員大聲吼著，表情也嚴峻起來。黑子的自信心被擊潰了，牠相信訓導員超過相信自己。牠放棄那個小偷，去找別人。可是不對啊！氣味騙不了黑子。牠焦急地踱著步，在每個人的腳邊都停一會兒，忽兒急促地嗅辨，忽兒轉回頭去窺測訓導員的眼神……最後，牠根據訓導員的眼色把一個假小偷給叼了出來，訓導員與那些人一起哈哈大笑起來。黑子糊塗了，愣在當場。之後，訓導員告訴黑子：「你本來是對的，可錯就錯在沒有堅持。」當黑子明白這是一場騙局之後，牠極度痛苦地「嗷」了一聲，幾大滴熱淚流了出來，世界頓時失去了光彩。一個沒有準則、沒有對錯的荒唐世界，把牠所有的信念擊得粉碎。或許訓導員只是想考驗黑子，或許這只是一個玩笑，可是從此以後，黑子不再信任訓導員，不再信賴任何人，不再目光如電，不再奔如疾風，不再虎視眈眈，更沒有了威風凜凜……

寓言故事給了我們一個深深的啟示：不能把玩笑開大，要控制好玩笑的度，這就需要掌握兩個要點，即玩笑的物件和玩笑的內容。那些愛開玩笑、善於開玩笑的人，也是善於察言觀色的人，能夠清楚地瞭解哪些人、哪些事可以開玩笑，玩笑到哪種程度，拿捏得非常準確，這樣的人很受歡迎。同一個物件，不同的內容，其反應是不同的。每個人有自己的尊嚴底線，每件事展現了不同的尊嚴程度，跨越了他人能夠接受的底線，帶來的效果絕對不是自己想要的初衷。

因此，在開玩笑的過程中還要注意玩笑的目的要純淨，要坦蕩，不傷害他人的自尊。不要隨便拿對方的生理缺陷開玩笑，也不要隨便在女士面前開性的玩笑。如果玩笑的目的不純，就有可能自取其辱。那些真正愛開玩笑、善於開玩笑的人，一般不怕別人開自己玩笑，雙向互動可以形成良性循環，有益身心。但有一種人看似開朗，實則內心深處有著極度自卑，他們很在意周圍他人的評價與肯定，開玩笑是這種人用來獲取他人注意的一種方式。這種人會不擇場合、物件、內容地開玩笑，只為博得一笑以提昇自己的價值和自尊，卻往往事與願違，容易將玩笑開過頭。

瞭解自己，瞭解自己行為的原由，改善、改變、改正，用真正有價值的方式提昇自尊、自信，才是出路，否則最後弄個眾叛親離，使得自己更加孤立、更加自卑。玩笑的最高境界是幽默。能夠幽默的人也是善於自嘲的，而能夠自嘲的人是高自尊的人。在玩笑他人、他事之時也能玩笑自己、幽默自己。這樣的人心態更好，心理承受力更強，更自信，也更有人緣，也更可以成功！

如果在生活中無意的玩笑傷害了他人，那麼我們要學會自救，首先就要真誠地道歉。俗話說：說者無意，聽者有心。不是團隊中的每一個人，發生的每一件事都可以拿來玩笑一番，掌握玩笑的場合、物件很重要。另外還要認真的反省自己，愛開玩笑說明自己心態好，願意把自己的感受通過玩笑的形式展現給大家，但是在考慮自己感受的同時，也要同樣地考慮玩笑物件的感受，考慮玩笑的內容能否被玩笑的物件所接受，能否被團隊成員集體所接受。

總之，在日常生活和職場中要注意自己的言行，分清場合開玩笑，拿捏好玩笑的「度」。

管好你的嘴，別做「大嘴巴」

在現實生活中，要管住自己的嘴巴，不要談論自己，更不要議論別人。談論自己往往會自大虛偽，在名不副實中失去自己，議論別人往往陷入雞毛蒜皮的是非口舌中糾纏不清。背後議論人是不好的，尤其是議論別人的短處，這些會降低你的人格。

在職場中，同事每天見面的時間最長，談話可能涉及工作以外的各種事情，「講錯話」常常會給你帶來不必要的麻煩。同事與同事間的談話，如何掌握分寸就成了人際溝通中不可忽視的一環。有許多愛說話、性子直的人，喜歡向同事傾吐苦水。雖然這樣的交談富有人情味，能使你們之間變得友善，但是研究調查指出，大部分的人不能夠嚴守秘密。

所以，當你的個人危機和失戀、婚外情等發生時，你最好不要到處訴苦，不要把同事的「友善」和「友誼」混為一談，以免成為辦公室的注目焦點，也容易給老闆造成問題員工的印象。有些人喜歡爭論，一定要勝過別人才肯甘休。假如你實在愛好並擅長辯論，那麼建議你最好把此項才華留在辦公室外去發揮，否則，即使你在口頭上勝過對方，但其實是你損害了他的尊嚴，對方可能從此記恨在心，說不定有一天他就會用某種方式還以顏色。

另外，不要成為「耳語」的散播者。耳語，就是在別人背後說的話，只要人多的地方，就會有閒言碎語。有時，你可能不小心成為「放話」的人；有時，你也可以是別人「攻擊」的物件。這些耳語，比如主管喜歡誰，誰最吃得開，誰又有緋聞等等，就像噪音一樣，影響人的工作情緒。聰明的你，要懂得該說的就勇敢地說，不該說就絕對不要亂說。還要注意一點，在職場中不要當眾炫耀，這樣只會招來他人的嫉恨。有些人喜歡與人共用快樂，但涉及你工作上的資訊，譬如，即將爭取到一位重要的客戶，老闆暗地裏給你發了獎金等，最好不要拿出來向別人炫耀。只怕你在得意忘形中，忘了有某些人眼睛已經發紅。

職場上有些人能力很強但情商差一些，但工作是需要團隊合作互相尊重的，否則會事倍功半，心力交瘁。因此，要想在職場中贏得好人緣，不僅要工作出色，還要注意自己的言行，管住自己的嘴巴，適時的說話。

給自己留出餘地，不要把話說絕

處在這個繁紛複雜的社會關係中，面臨著眾多的機遇和挑戰，我們如何在激烈的競爭中立於不敗之地？究其因素，最基本的對策就是不要把事情做得太絕，要給自己留有餘地，正所謂「過猶不及」。

人活著，是為了做成一些事情，成就一番事業。說話辦事就如同廚師燒菜一樣，要掌握火候，才能把事情辦好。若辦事太死、太絕，到頭來，本該成功的事只會在片刻之間化為烏有。

人的生存與發展，依賴於千絲萬縷的社會關係。在任何情況下，我們都要懂得給別人留有餘地，盡可能不要把別人推向絕路，這樣，事情的結果對彼此都有好處。在現實生活中，許多人為了謀求個人利益，在別人背後放暗箭，中傷別人，甚至在別人處於逆境時落井下石，這是在破壞自己的人脈，一個人無論多麼成功，都不能擔保自己沒有倒楣的時候，到那時，還有誰會向你伸出援助之手？所以得饒人處且饒人，留條活路給別人，也是在給自己留一條後路。

在為人處事的過程中，不要輕易向別人保證。對別人的請託可以答應接受，但不要「保證」，應代以「我儘量，我試試看，」的字眼。別人交辦的事當然接受，但不要說「保證沒問題」。應該以「應該沒問題，我全力以赴」的字眼。這是為萬一自己做不到留後路，而這樣回答事實上也無損你的誠意，反而更顯示你的謹慎，別人會因此更信賴你，即使事情沒做好，也不會怪罪你。

氣球留有空間，就不會爆炸；杯子留有空間，就不會因為加進其他液體而溢出來；人在說話辦事時留有餘地，就不會因為「意外」而下不了臺。凡事總有意外，留有餘地，就是為了容納這些意外。所以我們在說話辦事時都要留有餘地，使自己行不至於絕處，言不至於極端，有進有退，收放自如，以便日後能機智靈活地處理事務，解決複雜多變的問題。在我們談話時經常都要提醒自己，要給自己留餘地，使自己可進可退，這好比在戰場上一樣，進可攻，退可守，這樣有了牢固的後方，出擊對方又可及時撤回，仍然處於主動地位。雖說未必就是戰無不勝，但也不會出現一敗塗地的現象。

要在談話時，給自己留餘地，就要注意話不要說過了頭，違背常情常理。事物都有自己存在的道理，人事也有自己存在的情理。說話時，如果違背了常理，就會給別人留下口舌。曾經有兩位推銷員推銷同一螺旋狀襪子的商品；為了表明這種襪子的透氣性，第一位推銷員隨手拿起一隻襪子，說：「來幫幫忙，拿住襪子一端，使勁兒拉。」說著，他就和一位顧客對拉起來，襪子的韌性的確很好。然後他又隨手拿起一根長長的針，在拉得繃直的襪子上來回劃動，襪子也沒有損傷，說：「看一看，這種襪子不易抽絲。」緊接著他又拿起打火機，在襪子下面輕快晃動，火苗穿過襪子，而襪子也未受到損傷。在他一番介紹之後，襪子在顧客手中傳看。一位顧客有意地拿起針，只是一劃就在襪子上劃了一個洞，原來如果順著皺紋劃不易劃破，並不是劃不破。另一位顧客要用打火機燒時，急得推銷員趕忙補充說：「襪子並不是燒不著，我只是證明它的透氣性好。」最後大家終於明白怎麼回事，襪子的品質沒有問題，但當時氣氛明顯地影響了顧客的消費情緒。而第二位推銷員，也是一邊說一邊演示，不過他注意科學性介紹，一番介紹說得非常周到。他是這樣說的：「當然，在任何事物都有它的科學性，襪子怎麼會燒不著呢？我只是證明它的透氣性好，它也並不是穿不破，就是鋼也會磨損的。」這番介紹沒有給天性愛挑刺的顧客留下可乘之機。接下來，他一邊給大家傳看襪子，一邊講解促銷的優惠價格，銷售效果明顯好於前一位推銷員。

話不要說得太絕對，也許是愛因斯坦的「相對論」深入人心的緣故，人們考慮問題都喜歡來個相對思考，對於絕對的東西，在心理上有一種排斥感。比如，當你斬釘截鐵地說：「事實完全就是這個樣。」此時在別人心理會有兩種想法：一是肯定你的反問：難道一點也不差，也許你表達是事實，可是他心理老是琢磨「難道一點也不差」的時候，他對你話語的領悟就會有點捨本逐末了。倒不如這樣說：「事實就是這個樣子。」如果我們連自己都還沒有徹底弄清楚的事情，或者是代表個人看法，就更不要用那些表示絕對的字眼，那樣會因為你的絕對化而引起他人的懷疑，甚至引起他人的反感。

在韓非子的《說林》中有這麼一句話：「刻削之道，鼻莫如大，目莫如小，鼻大可小。小不可大也，大不可小也。舉事亦然，為其不可復也，則事寡敗已。」

這段話的意思是說，工藝木雕的要領，首先在於鼻子要大，眼睛要小，鼻子雕刻大了，還可以改小，如果一開始便刻小了，就沒有辦法補救了。同樣的道理，初刻時眼睛要小，小了還可以加大。如果剛開始雕刻時，就把眼睛弄的很大，後面就無法縮小了。

為人處世，凡事要留有餘地，留有後路。只有這樣，才不至於遭遇失敗。建築樓群時，要騰出一席餘地給花草、給綠樹、給空氣、給陽光。鋪築路面，每到一定的距離，便要留下一條名為縮水線的餘地，以免路面發生膨脹而破裂。狡兔三窟，留有餘地逃生；得勢不忘失勢，留有後退的餘地。強盛而不忘衰敗，富有不忘破落。甚至人情世故，恩怨是非，都得留有餘地。樹與樹之間，留有間隔，才能長的茂盛粗壯，人與人之間，保持相對的距離，才能避免摩擦和糾紛，才能相處得更融洽。批評人要留有餘地，便是給人留下改過自新的機會。表揚人留有餘地，便是給人留下繼續進取的動力。

人，無論是做什麼事，都要學會留有餘地。話不可說滿，事不能做絕。留有餘地，才會有足夠的迴旋空間。所謂天無絕人之路，就是說連上天都會為每個人留有轉機，留有選擇的餘地。更何況是我們呢？彈琴唱歌，餘音繞梁；贈人玫瑰，手留餘香。流水有迴旋的餘地，才會減少災難；江河有漲落的餘地，才不至氾濫成災。

凡事留有餘地，才能做到均衡、對稱、和諧。凡事留有餘地，才能做到進退從容，屈伸任意。凡事留有餘地，才能為你以後的人生打造一片亮麗的陽光。

第五章

沉默是一種更有殺傷力的語言

沉默是一種成熟；沉默是一種美德；沉默是一種智慧；沉默是一種魅力……沉默就像樂譜上的休止符，運用得當作用無窮，真正達到以無聲勝有聲之效。但一定要運用得體，不可不分場合，為了故作高深而濫用沉默。而且，沉默一定要與語言相輔相成，不能截然分開。沉默決不意味著嚴肅和冷漠，只有在傾聽當中適當的運用沉默，才能獲得最佳效果。在人際交往中，沉默是一種難得的心理素質和可貴的處事之道。因此，我們要學會沉默是金的說話技巧。

沉默才能更冷靜

有一位老闆想要處理工廠內的一批舊機器，他在心中打定主意，在出售這批機器的時候，賣價一定不能低於五十萬美元。之後，有一個買主前來看貨，在雙方談判交易金額時，便對這批機器的各種問題，滔滔不絕地講了很多缺點，但是這位老闆始終一言不發，任憑買家不停地發言。結果到了最後，買主終於停止了批評，並且突然說了一句話：「這批機器我最多只能出價八十萬美元，再多的話，我就不要了。」於是，這位老闆很幸運地多賺了整整三十萬美元。

人與人交談時，某一方的沉默會給人造成極大的心理壓力，因為沉默容易使人沒有安全感，所以多數人在面臨這種處境時，常常會沉不住氣，不斷地發表意見。

也正因如此，許多談判高手經常會利用「沉默策略」打擊對手，他們會製造沉默，也懂得適時打破沉默，進而達到最終的談判目的。

一般說來，沉不住氣的人容易敗在冷靜者的手裏，因為急躁的情緒已經佔據了他們的心理，他們沒有時間冷靜思考自己的處境，更無法認真思索正確的對策。在最常見的價格談判中，他們總是不等對方發言，就不斷地提出價格建議，最後讓別人逮到機會、奪去優勢，自己則錯失良機。

在企業管理過程中，管理者經常會坐在談判桌前與人商議各種事務，因此，管理者一定要懂得善用「沉默的力量」，才能出奇制勝，贏得談判。當然，所謂的沉默，並非只是「不說話」而已，而是要展現出一種胸有成竹、沉著冷靜的姿態，尤其在神態上更要表現出大勢在握的氣勢，以迫使對方沉不住氣，先亮出談判的底牌。相反的，如果管理者神態沮喪、喋喋不休，便很容易就洩了底，從而把利益白白轉到對方的手上去。

在生活中，適時的沉默，還能增進夫妻之間的感情。一位女士的經驗證明了這一點，她說：當我們第一個孩子出生時，我丈夫由於工作繁忙，對我和孩子疏遠了，這樣幾週以後，我感到筋疲力盡，並想大發雷霆。有一天，我給他寫了封充滿怒氣的信，但不知為什麼我沒把信給他。第二天，丈夫提出要給嬰兒換尿布，並且說：「我想我現在應該學會做些事了。」「儘管我不知道他為什麼會改變想法，但還是非常高興地把信撕了，並暗自慶幸我給了他時間，一場爭吵就這樣避免了。此後，他一直對我很好。」人們往往不善於等待，而等待往往是適用於各種情況的一種策略。有時片刻的沉默會產生奇特的效果。

有這樣一個笑話：哈利夫婦在河邊釣魚，哈利夫人在一旁嘮叨不休。不久，有魚上鉤了。哈利夫人說：「這條魚真夠可憐的！」哈利先生說：「是啊！只要牠閉嘴，不也就沒事了！」生活中，嘮叨是女人的通病，雖然大多時候，女人嘮叨是因為對家人的關心，但事實證明，嘮叨並不能有效解決問題，有時候給對方一點時間冷靜的思考反省，比無休止的嘮叨說教更有效。所以，為了生活的幸福，請遵循一個原則：適度嘮叨，該閉嘴的時候就閉嘴。

有時候說話不經思考，即使說者無心，也會產生嚴重後果。一天深夜，哈樂德回家時誤入隔壁鄰居家，他非常窘迫，便自我解嘲的說：「我好想聽見裏面在慶賀什麼。」屋子裏頓時出現了一片尷尬的沉默。事後，哈樂德的妻子告訴他，鄰居家的主婦剛剛小產。哈樂德說：「現在，即使是情況萬分緊急，我也要靜思慎言。」

適時地保持沉默不僅是一種智慧，而且也有實際的好處。常言道：「沉默不會使人後悔。」心理學教授格瑞德古德羅曾說過：「沉默可以調節說話和聽講的節奏。沉默在談話中的作用就相當於零在數學中的作用。儘管是零，卻很關鍵。沒有沉默，一切交流都無法進行。」

沉默能夠鬆弛彼此緊張的情緒。如果對方情緒化地說了些刻薄之詞，事後往往會內疚、自省，但如果你當場質問或反駁了，則會引起雙方爭吵。這時利用沉默戰術，既有利於平復雙方情緒，也給了雙方自省的時間，繼而改變態度。沉默能夠促進思考，適時沉默，有利於引導對方反思或進一步思考。在對方說謊時，此舉尤其能引起他的恐慌，促使他改變態度。此外，沉默片刻能給雙方思考的時間。沉默可控制自我情緒，在自己心生怒火的時候，極容易失言，影響談話氣氛和自身形象，保持沉默可漸漸克制自己激動的情緒，保持自己的良好形象。也能夠幫助你控制住情感，使你保持冷靜。

用沉默贏得思考時間

沉默是人的一種意境和美德。「君子訥於言而敏於行」，人生這種「謹言慎行」的行為準則為很多人所推崇。「沉默是金，雄辯是銀；雄辯屬於短暫，沉默屬於永恆」、「萬言萬語，不如一默」，這些話也就成了思想和生活品味很高的人，才能悟出來的一種意境和心態，是一種怡然和超脫。

沉默是人的一種成熟練達和思想境界，千萬不要把沉默單純理解為不開口說話，因為沉默是一個成熟練達所具備的一種思想境界。所以侃侃而談的人是在播種，緘默不語的人是在收穫。一個人在生活中經歷太多、見識太廣，就能把周圍的一切人和事看得很透徹，做事很成熟很練達，顯得很有城府，遇到事情就不會輕易發表自己的見解。因為沒有必要為一些無關緊要的人和事發表自己的看法，去與別人探討和爭論，那樣只能是在浪費自己的生命。再說如果遇到不是自己發表一番議論就能解決的事情時，更是沒有必要開口多說話。

沉默能為人樹立雄心、積蓄奮起的力量，讓你在思考和觀察中增長智慧和才能，在期待中看到希望，在沉默中尋求到走向輝煌的道路。

沉默是人的生存之道。生活中不能沒有沉默，沉默並不是無話可說，而是在沒有思考好要說什麼話、如何說、要達到什麼效果的時候，或是沒有想好要在什麼時機和場合要以哪種方式說出來的時候先保持沉默。「言多必有失，行多必有過。」一個人整天滔滔不絕的說，忙忙碌碌的做不可能沒有失誤，人要學會用沉默的方式為人處世，能從容的看待自己和別人，才能從容若定，穩坐如山，只有這樣才會得到別人的尊重和敬仰。

「鷹在捕雀的時候，不聲不響的是鷹，吱吱叫喊的是雀；貓在捕鼠的時候，不聲不響的是貓，吱吱叫的是老鼠；但最後的結果，開口的被不開口的吃掉。」這是魯迅先生對沉默所作的精闢論述。但我認為最能把沉默琢磨透的人是曹雪芹，他在《紅樓夢》中成功的塑造了薛寶釵。

薛寶釵是個在生活中把沉默研究透徹並運用非常成功的人物，她的處世哲學是「不關己事不開口，一問搖頭三不知」，這位深受過儒家《女兒經》薰陶過的冷美人，把自己性情中、生性活潑調皮機靈愛說愛笑的個性，全部深深地埋在了靈魂深處，「心有山川之險，胸有城府之嚴」，深藏機鋒於城府，顯示溫厚於無言，就是到了非說不可的地步，也是要言不煩，含而不露，恰到好處而止。做人做事的尺度把握得很好，即不媚上也不欺下，所以她能在人際關係十分複雜的大觀園中，作為寄人籬下的外來人員，能輕而易舉地就戰勝了那個「粉面含春威不露，丹唇未起笑先迎」，說話佔先、事事拔尖、人見人畏的王熙鳳，讓前後左右各個階層的人都對她敬佩不已。在愛情生活中更是知書達理善解人意，首先贏得了賈母、王夫人等人們的信任和支持，不動聲色的戰勝了那個多愁、多病、心胸狹窄、嫉妒成性的林妹妹，順利地與自己心中的白馬王子結成良緣。在大觀園中，她成功的運用了沉默，得到了想得到的，就是不屬於她的，只要她想要便能輕而易舉地得到，而且做的天衣無縫。薛寶釵對於沉默的運用之妙足以讓鬚眉汗顏，這是曹雪芹對「世間洞明皆學問，人情世達即文章」深刻理解的精彩之筆。

當然，沉默並不是讓人們都變成麻木不仁的對什麼都不關心，也不是讓人們都做逆來順受沒有思想沒有思維和意識的奴婢，而是讓人們真正懂得什麼是真正的沉默，學會如何運用並保持沉默，對自己的工作、事業和生活有所幫助。不管在生活中遇到多麼不順心的人和事，先保持沉默，你就會覺得你的人生是那樣的絢麗多姿；遇到多麼意外的驚喜，你都要心平氣和的保持沉默，你的心態都會得到那份怡然；用沉默下的思考和觀察去解讀你的人生，去對待你身邊的人和事，你就會擁有屬於你自己的瀟灑和飄逸。

人生，很多時候要學會沉默。人的思想是複雜的，有時又很簡單，甚至簡單到只有堅持和沉默。當你理直氣壯堅持你的觀點時，沉默一時的無奈，過一段時間你的觀點得到證實，你會發現，當時的沉默為你贏得了寶貴的時間。

沉默應對爭辯，有理不在聲高

人的情感若處於特別激動的狀態，什麼樣的事情都可能發生。雖然有好事或英雄壯舉，但大多數會出現那些不利的，或是想不到的壞事。如果不相信，可以去回顧、去體驗、去見證。人是最富有情感意識的動物，儘管稱之為高等動物，卻不能完全擺脫其動物的基本屬性特徵。對此聰明的人類會不斷地認識自己、改造自己，努力去創造人類文明。

那麼如何去改造自己，怎樣去創造文明，這就是人類不同於一般動物的本質思維區別。更重要的是，人處於性格激動的狀態時，通過智慧可以讓理性思維去控制過激行為，但這種控制必須是在大腦的預先指令下進行，而這種指令就是人類文明行為的教育。所以說，人要想在性格激動的狀態時控制好自己的行為，就必須不斷地接受現代文明教育，以期達到提高良好整體素質的目的。否則，就可能在情緒激動的情況下犯錯誤。

每個人儘管性格表現不同，但最本性的東西確是相對存在的。所以我們都應該求得很好的性格改變，這種改變是受諸多因素影響限制的，儘管很難，其決定改變性格的關鍵還是要靠自我的良性意識主動發揮作用。這就需要人要有自知之明，能自覺的去接受現代文明的教育。這其中比較好的辦法，就是學會用智慧的沉默去控制自己的激動情緒。

沉默，就是遇事時要深思熟慮，儘管偶遇急事時需要果斷處理，不允許有更多的沉默，但這種緊急情況下果斷，也必須在平時沉默的智慧靈感累積後能出現的，並不是不假思索的武斷行為。單純的理解沉默似乎是一言不發，任其行之。而真正的沉默是靠平時的累積才能在瞬間深沉的意境中去敏捷、快速的用心思考、分析、判斷後才決定的行為。其實沉默就是果斷中的深沉，深沉中的成熟。

所以，要想在情緒激動時不犯錯誤，就必須在平時注意學習，努力去獲得更多的知識，多認識和熟悉自己的性格特點。不斷在改造中提高，才能在激動時快速反應並用應有的精神靈感來指導良好的行為。沉默也是在那一瞬間默默地放下架子，不顧及表面的虛榮，若只圖一時形式上的得意，其實是吃虧的舉動。要知道有理不在聲高，勝敗並不在於一時的得意，沉默才是深謀遠慮，要學會在一種靜態的激烈思維運動中，去尋求一種最佳的行為方式，這也就是對血液與靈魂的過濾和更新。

沉默並不是妥協和迴避，它是聰明的方法和策略，也是寬闊的胸懷和巨大的力量。沉默也就是豁達開朗，沉默就是放下世俗偏見，用聰慧的智謀和良知去窺視問題。沉默是一種瀟灑和幸福，它會使你袪除一切心理疾病，避免過激行為和過錯。

我國有句諺語：「有理不在聲高。」這並不是說凡是發怒的人，看法都是錯誤的，而是說他根本不懂得如何表達自己的見解。沉默是金，但如果你在說服別人的過程中讓對方沉默了，那麼你也就失去了「金」。最有效的說服，就是能夠讓對方不知不覺地產生參與感。遇到不講理的對手，更需要講理。**溝通的目的不在於說服對方，而在於尋找雙方都能夠接受的方法。**

說服他人使他人相信自己並產生行動，是我們在日常生活中經常遇到的。無論是交友還是工作，無論是商品推銷還是談判協商，都離不開說服和引導。能幹的企業家必須具備這門技術，律師要運用這門技術雄辯，政治家要用這門技術闡述自己的政見，教師、推銷員、演員……誰都需要具備這門技術。一個人的說服能力，可以顯示他的力量，口才好的人，說話說得使人欽服，往往可以很順利地達到自己的目的。一個人如果具有良好的說服力，無論立身處世，還是交友支援人都會輕鬆自如。說服固然要以正確的思想為前提，但技巧也是極其重要的。前蘇聯教育家加里寧說：「有人會想，說服的內容從技巧不同的人嘴裏說出，得到的效果是完全不同的。」

當你從靈魂控制的肉體行為中突然走出來時，你會感到特別驚訝！會突然不相信自己能有如此高明的遠慮，會這般成熟和老練，會具有聰明高尚的舉動。你也更會感到有一種心靈上的滿足，好似擁有把已衝動的激情淋漓盡致地釋放出去的輕鬆感。你也會感到那種寂靜的沉默是對自己無言的相勸和拯救，是智慧中的大徹大悟。而且這種激情中的沉默並非造作，它是文明的理智，它是聰明的靈感，它是高尚的品德行為，它有益於身心健康。它有利於為人處世，可以化解矛盾，可以成全大事。這如此的沉默便是大智大勇，即刻使你受益匪淺、神志清明。

別人談論自己時，需保持沉默

常言道：「誰人背後無人說？哪個人前不說人？」人活一生，毀與譽從來都是如影隨形的。名氣越大，越是難以避免。今天把你捧上了天，明天又將你狠狠地踩在腳下。豈止是活著的人，即便是蓋棺之人，也難以定論。

孔子曰：「吾之於人也，誰毀誰譽？如有所譽者，其有所試矣。」別人的攻訐也好，吹捧也罷，全不必當回事的。假如有人捧得太厲害了，其背後一定隱藏著某種目的。就拿孔子本人來說吧，歷朝歷代的封建統治者們之所以如此推崇他，不過是利用他的學說，用以禁錮民眾思想，做為鞏固其階級統治的工具罷了。「眾惡之，必察焉；眾好之，必察焉。」大家都在狂貶的那個人未必就真有那麼壞，大家都在狂捧的那個人未必就真那麼好。因此於人於事，切勿輕信盲從，需要經過自己的考察判斷再下結論，明白了此道理，對於當今社會的一些現象也就見而不怪了。

一般而言，譭謗的產生大致有以下三種情形：誤解、嫉妒、別有用心的惡意詆毀。對此，孔子有這樣的名言：「人不知而不慍，不亦君子乎？」「不患人之不己知，患己所不能也。」「不怨天，不尤人，下學而上達。知我者天乎！」別人不瞭解你，嫉妒你、攻擊你，你也不必惱怒，而是時常反省自己，我還有哪些不足之處？與其浪費時間去反擊別人的指責，倒不如埋頭做自己的事。不怨天，不尤人，努力充實和完善自己，走自己的路，讓別人去說吧，是金子總會發光的。

讚也好，貶也好，嘴巴是生在別人身上的，誰都有說話的權利，豈是我能左右得了的？對於別人的評說，套用《論語》裏的一句名言：「擇其善者而從之，其不善者而改之」吧。至於有些無聊的人，你越理他越來勁，倒不如笑罵由人隨他去；很多時候實在是沒道理可講的。孔子在這方面有很多的見解與感悟，他說：「浸潤之譖，膚受之愬，不行焉，可謂明也已矣。浸潤之譖，膚受之愬，不行焉，可謂遠也已矣。」像水一樣暗中浸漬的流言，以及切膚般的詆毀和誣陷，在你這裡都行不通，那你就可以稱得上是知事明理，境界高遠的人了。

《論語》裏有這樣一則故事：魯國有個名叫孫叔武的人，在朝廷中說孔子的壞話。子貢說：「無以為也！仲尼不可毀也。他人之賢者，丘陵也，猶可逾也；仲尼，日月也，無得而逾焉。人雖欲自絕，其何傷於日月乎？多見其不知量也。」真的聖賢，如日月之華，惡意的毀謗對他無傷分毫，倒是那些不自量力毀謗者自取其辱罷了。承諾別人不可輕率，尊重別人要發自內心。在這裡提出兩個觀點：一個是信守承諾的標準，一個是尊重別人的基本標準。

前者，承諾必須要適宜，不能超出能力所及的範圍，如果答應別人的事情超出了自己的能力，那就失去了「義」，是對人對己都不尊重的事情。這是因為為人做事或是幫忙是需要花費成本的，如果成本的支出超過你的預期，那麼你就會陷入尷尬的境地。

背後議論是一種不良習慣，對人對己都沒好處。但在生活中，背後議論別人的現象並不少見。究其原因，通常是對一些事和人有看法，又沒有勇氣當面說出，不說又忍不住，於是採取背後議論的方式發表自己的意見，發洩不滿。也有極少數的人，出於不可告人的目的，故意散播流言蜚語，混淆視聽，中傷別人。

發現別人在背後議論自己，尤其是在說自己一些壞話，應該要怎麼處理呢？生氣、憤怒、害怕、躲避，乃至爭吵、對質等等，都無益於解決矛盾。而是要採取這樣的態度：首先，自己要有「有則改之，無則加勉」的氣量；別人議論自己，總是對自己比較關注。一般的小事議論可以不放在心上，如果別人議論確實是自己的缺點，則可以引起注意，加以改正。其次，要有「不做虧心事，不怕鬼敲門」的坦然心態；對於那些無中生有的議論，不必因此生氣、消沉，也不必急切的申明、對質。有時候，沉默是最好的態度。儘管走自己的路，不用理睬「閒言碎語」。這樣，背後議論者自覺沒趣，很可能也就閉了嘴。

發現別人在背後議論自己，一時感到有些壓力，這不足為怪。不過，要及時地變壓力為動力，通過自我反省，堅持好的，改正不好的，多多徵求別人的意見，給別人當面說出對自己看法的機會，勇於接受意見，這樣才能取得信任，保持良好的關係，這樣才能減少背後的議論。

時機未到要保持沉默

有句諺語是這麼說的：「雄辯如銀，沉默是金」。在我們的生活工作中，有些時候確實是沉默勝於雄辯。與得體的語言一樣，恰到好處的沉默也是一種語言藝術。在說話時機未到的時候保持沉默，有時候是一種最好的選擇，會收到「此時無聲勝有聲」的效果。

在時機未到時保持沉默是一種「大智若愚」的藝術，在商業活動中多聽、少說甚至不說，這樣做的目的是為了獲得最大的利益。少開口不做無謂的爭論，對方就無法瞭解你的真實想法；反之，你可以探測對方動機，逐步掌握主動權。這時候的沉默，實際上是「火力偵察」。

在甲公司和乙公司的一場貿易談判中，乙公司的代表依仗自己的實力，滔滔不絕地向對方介紹情況，而甲公司的代表則一言不發，埋頭記錄。乙公司的代表講完後，徵求甲公司代表的意見。甲公司的代表好像突然睡醒了一樣，迷迷糊糊地對乙公司的代表說：「哦，講完了？我們完全不明白，請允許我們回去研究一下。」於是，第一輪會談結束。幾星期後，談判重新開始，甲公司的代表聲稱自己的技術人員沒有搞懂對方的講解。結果乙公司的代表沒有辦法，只好再次對他們介紹了一遍。誰知，講完後甲公司代表的態度仍然不明朗，仍是要求說：「我們還是沒有完全明白，請允許我們回去再研究一下。」就這樣，結束了第二次的會談。過了幾天後，第三次會談甲公司的代表還是一言不發，在談判桌上故技重演。唯一不同的是，這次他們告訴乙公司代表，一旦有討論結果立即通知對方。過了一段時間，乙公司覺得這次合作已經沒戲的時候，甲公司的代表找上門來開始談判，並且拿出了最後的方案，以迅雷不及掩耳之勢逼迫乙公司，使對手措手不及。最後，達成了這一項明顯有利於甲公司的協議。這次甲公司能夠打敗乙公司，取得談判的成功，關鍵就在於公司的沉默，時機不成熟的時候，他們保持沉默，使對手摸不著頭腦，同時也為自己贏得時間研究對手的方案，給了對手措手不及的一擊。

說話莫忘看時機，因為心理學告訴我們，在不同的場合環境中，人們對他人的話語有不同的感受、理解，並表現出不同的心理承受力。正因為受特殊場合心理的制約，有些話在某些特定環境中說比較好，但有些話說出來就未必得當。如果環境不適宜，時機未到，最好的辦法是保持沉默。

其實何止在商業談判中，在生活中我們也要遵循這種「時機未到保持沉默」的作風。老一輩人總是諄諄教導我們：「言多必失，語多傷人」、「君子三緘其口」的古訓，也把緘口不言做為練達的安身處世之道。今天，我們也應謹記這些古訓，該沉默時一定要沉默。

那麼什麼時候應該保持沉默，什麼時候又應該及時出擊呢？這個時機要把握好，不妨注意以下幾個方面：

1、不瞭解情況的時候要保持沉默。有時候，不瞭解對方情況盲目地亂說，往往會給對方造成可乘之機，使自己遭受到莫大的損失，所以，在不瞭解對方的情況時，不要輕易地把話說出口，保持沉默是上策。

2、自己做不了主的時候要保持沉默。有時候，自己往往不能夠做主，所以，這時候也不能說。如果自己不慎把不該答應的事情答應下來了，到時候所有的問題只有自己來承擔，所以這時候也要保持沉默。

3、正在氣頭上的時候要保持沉默。當你自己或他人的情緒正在氣頭上的時候最好閉口不談，從長遠來說這是有益的。如果你跟別人發生爭吵，你們兩個人的情緒都很激動，那就等以後你們都冷靜下來，能夠心平氣和地討論問題時，再安排時間交談，只有在那個時候你們才能進行有實質意義的討論而不是相互指責。在戰場上，盲目地出擊，有時候會落入對方的圈套。在交談時，同樣是這個道理，如果不瞭解情況，隨口亂說，反而會使情況變得更糟，所以，在張口說話之前，一定要注意瞭解情況，只有這樣才能夠有針對性，能夠起到應有的效果。

「話到嘴邊留半句」，做事情要學會察言觀色，時機未到保持沉默是說話辦事的一種巧妙方法，只有精通掌握了這種方法，我們才能在生活中找到做事情「如魚得水」的快樂。

沉默不等於默默承受

沉默有其獨特的魅力，白居易筆下那位千呼萬喚使出來的琵琶女，那種「別有幽愁暗恨生，此時無聲勝有聲」的情態，令人憐惜萬分。李商隱詩中的那份「心有靈犀一點通」的默契，也令人悠然神往。沉默的內容是豐富的，可以說，沉默是一種境界。在沉默中你的思想會變得睿智，你的心也會寧靜而致遠。

對朋友來說，沉默是一種最真誠的傾訴，因為彼此悠然心會，默默且當歌。對敵人來說，沉默是一種最嚴正的警告，在沉默的背後，有意想不到的堅毅和浩然正氣。當流言蜚語襲向你的時候，最好的辦法是沉默，正如羅蘭說的：「謠言好比是一缸濁水，你越去解釋它就會越攪越濁，你不去理它，經過一段時間自然會澄清下來的」。沉默不等於默認，沉默是涵養的展現，沉默是一種風度。

當別人冷嘲熱諷時，沉默是一種最堅決的回擊；當別人讚美時，沉默是一種絕不虛偽的謙遜。當一切已成無言的結局，所有的言語便都顯得蒼白無力，沉默是一種最有力的雄辯。當痛苦和失落讓你感到無言以對，沉默是一種最堅定的回答。可以說，沉默是一種坦然，一種灑脫。當一個人真情流露時，也就是他最沉默的時候，你只要看著他的眼睛，便知道在這默默之中已經勝過千言萬語。

謠言的年歲其實很古老，孔聖人曾因謠言而被困於陳、蔡；智者樂毅、孔明也因謠言而功敗垂成。面對謠言，面對流言蜚語，我們要保持沉默。

人一旦被謠言襲擊，有理無處申辯，人家會說你是「此地無銀三百兩」。因此，面對謠言，意志堅強者，尚能挺得住。心理承受能力差的人，便常拿生命做賭注，給人間留下諸多遺憾。面對謠言，人們是不是真的只能坐以待斃，任其蹂躪呢？面對流言蜚語，我們首先要修煉到不生氣，其次，不能到處闢謠，最後，等到條件具備，則揪住這些人的尾巴，把它們暴露在光天化日之下。盧梭曾說過：「只有把誹謗暴露在光天化日之下，才能摧毀這些誹謗。」對付謠言，高爾基的看法也許更值得借鑒，他認為要消滅誹謗和中傷，最簡單的方法是沉默。

日本的禪師白隱，因修行純淨而備受鄉民的敬仰。一天，鄰居的女兒懷孕了，這時就有人散布說孩子是白隱的。於是，冷嘲熱諷鋪天蓋地向他撲來，對此，他始終保持沉默不語。孩子生下來後，女孩的家人把孩子送給了白隱，白隱又默默地擔起了撫養孩子的責任。終於有一天，女孩良心發現，說出了實情。女孩的父母連忙帶著她前來向白隱道歉，而白隱只是淡淡地說了一句：「是這樣子的嗎？」此事傳開以後，禪師白隱聲名遠揚。

橫遭不白之冤和世人的譏笑、嘲諷，禪師白隱以無言的沉默獲得了最後勝利。當然，沉默是以自信為基礎的，只有對自身人格力量的自信，沉默者才會產生正義，戰勝邪惡的信念。沉默也是以堅忍豁達為內涵的，一個沒有強大內在道德力量的人，是無法按捺住內心的躁動而不張揚的。白隱以包容萬物的沉默喚回了迷途者的良知，不僅洗刷了自己的不白之冤，還使迷途者幡然悔悟。

沉默不是退縮，也不是懦弱的表現，而是一種力量、智慧、成熟的表現，生活中的沉默不是懦弱，而是睿智的人對紛繁世事的思考。在「無車馬喧」的心境中，認真地思索，讓心中的煩累、不安沉澱到內心的最底層，讓它們支撐起你未來事業的成功，人生的喜悅，這就是心的沉默。沉默是理智地勸慰自己，獨善其身，是大地對狂風驟雨的思索。「六代繁華，暗逐逝波聲」，時間對於歷史的沉默，最終使「空有姑蘇台上月」，滿地殘陽，翠色和煙老。沉默是悲喜的凝視與思索，無論滄桑怎麼變化，世界怎麼轉變，沉默始終承受著一切的離合與悲歡。

在縱情山水間，多一分理性，是人在反省自己的年華是否虛度，是否曾庸庸碌碌地生活，必不可少的思考。在強權面前沉默，是「留得青山在」；在邪惡面前沉默，是獨善其身。沉默並不是懦弱，正如陽光並不是陰霾。

第六章

激起說話的興趣，話不投機半句多

說話是語言實踐的重要工具，在人際交往中發揮著不可忽視的作用。因此，與人交往時離不開說話。要想成為一個受歡迎的人，要想能夠很快的結交朋友，就要能夠激起對方說話的興趣。任何情緒的產生，都離不開共鳴效應，你與互動的一方產生了統一性，體會到了對方就會與對方產生共鳴，就能夠與對方更進一步的交流。「話不投機半句多」，因此在與人交往時，一定要注意激起對方說話的興趣，與對方產生共鳴。

培養廣泛興趣，把握時尚脈動

在社會交往中，能言善道的人，可以輕而易舉地擴展其人際關係，因為每個人都願意和他在一起、聽他說話，所以會在交易中佔據絕對優勢。

要成為一個成功的交談者就要有幾項基本要素：一是要真誠，因「感覺比語言快十倍」，任何人都不願和一個讓人感覺虛偽的人交談；二是要培養廣泛的興趣和幽默感，幽默感可使其他人感受愉悅輕鬆的氣氛，幽默是交際場上良好的潤滑劑，具備幽默感也是商場上制勝的重要技巧之一。要成為一個成功的交談者，在日常生活中一定不要忘記隨時隨地自我訓練，培養廣泛的興趣，並學習工作範圍以外的各種知識。你可能成為美食家，但除了大談食物之外，也可是畫廊、博物館或音樂廳的常客。優秀的交談者不會永遠只談工作，他能夠通過巧妙地誘導激發對方的興趣，即使是索然無味的平凡事物也會因此變得令人興奮和讚嘆。

當今時代，一個具有廣泛興趣愛好的人必定是一個把握時尚脈動的人，也是一個能言善道的人，一個口才極佳的人。可見培養廣泛的興趣愛好是十分重要的。

所謂興趣，從心理學上講，是指人們力求認識世界，渴望獲得科學文化知識和不斷探求真理而帶有情緒色彩的意向活動。興趣的重要作用是不言而喻的。愛因斯坦說過：「興趣是最好的老師。」一個人的興趣愛好是他們在心理上對各種活動產生愛好、追求和嚮往的傾向，是構成說話動機最現實、最活躍的成分，因而也是推動人們探求知識的一種激發劑。古人說得好：「知之者不如好之者，好之者不如樂之者。」的確，由「好」和「樂」所產生探求知識的迫切願望，是克服一切困難的內部動力。人如果對某種事物產生興趣，他就會表現出強烈的好奇心和旺盛的求知慾，也會產生積極主動、富有成效的活動。興趣廣泛了，能在生活中的各個角落裏都留下自己的身影，也能夠廣泛的交到朋友，就能成為一個善談的人。反之，如果沒有廣泛的興趣，就不可能產生積極主動、富有成效的學習活動，難以交到廣泛的朋友，無法把握時尚脈動，也不能成為一個口才好的人。

其實，興趣愛好廣泛，好奇心強烈，求知慾旺盛，本來就是大家都具備的顯著特點。換言之，做為一個正常人，通常都具有廣泛的興趣愛好、強烈的好奇心和旺盛的求知慾。只是在社會化過程中，這些純真而寶貴的心理特點越來越難以見到了，這是因為生活的忙碌，人們很少有時間去從事自己的愛好，也就很難交到廣泛的朋友，很難把握時尚脈動，因此很少跟別人溝通。培養興趣愛好其實是一件很容易的事，你可以利用業餘時間去參加一些社團活動，比如和朋友們去爬山、去打球等。當然，廣泛的興趣愛好並不意味著興趣短暫而多變，並不是說見到別人今天喜歡這個，你就喜歡這個，見到別人明天喜歡那個，你就又喜歡那個，毫無自己的主導興趣，我們應該培養自己的興趣，從事真正自己喜歡的活動及愛好的事物。

在交談中要注意，即使是一個很好的題材，說時也要適可而止，不可拖得太長，否則會令人疲倦。說完一個話題之後，若不能引起對方發言，或必須仍由你支撐局面，就要另找新的題材，如此才能把對方的興趣維持下去。在談話中，對方的發言機會雖為你所操縱著，但你必須時常找機會誘導對方說話，比如說到某一環節時可徵求他對該問題的看法，或在某種情形時請他論述自己的經驗等，務使對方不致呆聽，才不失為一個善於說話的人。話題轉了兩三次，而對方仍無將發言機會接過去的意思，或沒有做主動發言的表示時，你應該設法把談話結束；即使你精神還好，也應該讓別人休息休息了。自己包辦了大半的發言機會，是不得已時才偶爾為之的方法，若以為別人愛聽自己的話，或不管別人興趣與否只顧自己說下去，那就大背其談話藝術之道了。

從對方感興趣的話題談起

人與人溝通，很難在一開始就產生共鳴。當我們試圖說服別人，或對別人有所求的時候，最好從對方感興趣的話題說起，不要太早暴露自己的意圖，讓對方一步步地贊同你的想法，當對方深入瞭解你之後，便會不自覺地認同你的觀點。

伽利略年輕時就立下雄心壯志，要在科學研究方面有所成就，他希望得到父親的支援和幫助。他對父親說：「爸爸，我想問您一件事，是什麼促成了您和媽媽的婚事？」「我看上她了。」父親平靜地說。伽利略又問：「那您有沒有娶過別的女人？」「沒有，孩子。家裏的人要我娶一位富有的女人，但我只鍾情你的母親，她從前可是一位風姿綽約的女孩。」伽利略說：「您說得一點也沒錯，她現在依然風韻猶存，您不曾娶過別的女人，因為您愛的是她。您知道，我現在也面臨者同樣的處境。除了科學以外，我不可能選擇別的職業，因為我喜愛的正是科學。別的對我而言毫無用途也毫無吸引力！難道要我去追求財富、追求榮譽？科學是我唯一的需要，我對它的愛有如對一位美貌女子的傾慕。」

父親說：「像傾慕女子那樣？你怎麼會這樣說呢？」伽利略說：「一點也沒錯，親愛的爸爸，我已經十八歲了。別的學生，哪怕是最窮的學生，都已想到自己的婚事，可是我從沒想過那方面的事。我不曾與人相愛，我想今後也不會。別的人都想尋求一位標緻的女孩作為終身伴侶，而我只願與科學為伴。」父親始終沒有說話，仔細地聽著。伽利略繼續說：「親愛的爸爸，您有才華但沒有力量，而我卻兼而有之。為什麼您不能幫助我實現自己的願望呢？我一定會成為一位傑出的學者，獲得教授身份。我能夠以此為生，而且比別人生活得更好。」父親為難地說：「但我沒有錢供你上學。」「爸爸，您聽我說，很多窮學生都可以領取獎學金，這錢是公爵宮廷給的。我為什麼不能去領一份獎學金呢？您在佛羅倫斯有那麼多朋友，您和他們的交情都不錯，他們一定會盡力幫助您的。也許您能到宮廷去把事辦妥，他們只需去問一問公爵的老奧斯蒂羅利希就行了，他瞭解我，知道我的能力……」父親被說動了：「嘿，你說得有理，這是個好主意。」伽利略抓住父親的手，激動地說：「我求求您，爸爸，求您想個法子，盡力而為。我向您表示感激之情的唯一方式，就是……就是保證成為一個偉大的科學家……」就這樣，伽利略最終說動了父親，並通過努力實現了自己的理想，成了一名偉大的科學家。

前耶魯大學教授費爾普童年就有過這種經驗：「我八歲那年，有一個週末，去我姑媽家玩。那天晚上，一位中年人來訪，他與姑媽寒暄之後，便將注意力放到了我身上。當時我對帆船很感興趣，而這位客人談到這個話題似乎也很感興趣。他離開後，我向姑媽熱烈地稱讚他，說他是一個多麼好的人！對帆船是多麼感興趣！而我的姑媽告訴我說，他是一位紐約的律師，其實他對帆船的知識毫無興趣。但他為什麼始終與我談論帆船的事情呢？」姑媽告訴我：「因為他是一位有修養的人。他看見你對帆船感興趣，所以就談論能讓你喜歡並感到愉悅的事情，同時也使他自己受人歡迎。」費爾普說：「我永遠記住了我姑媽的話。」

當我正在寫作本章的時候，我面前放著一封在童子軍中極為活躍的查利夫先生寫給我的信：「有一天，我覺得我需要找個人幫忙，歐洲將舉行一次童子軍大露營，我要請美國一家大公司資助我的一隊童子軍旅費。」在我去見這個公司的經理之前，我聽說他曾開過一張百萬美元的支票，而這張支票退回之後，他把它裝入鏡框中作為紀念，所以我進他辦公室所做的第一件事就是談論那張支票。我告訴他，我從未聽說過有人開過百萬美元的支票，我要告訴那些孩子們，我的確看見過一張百萬美元的支票。他很高興地向我出示那張支票，我表示羨慕，並請他告訴我開出這張支票的經過。你注意到沒有？查利夫先生並沒有談論童子軍或歐洲的露營，他只是談談對方最感興趣的事。事情的結果又如何呢？隨後，那位經理說：「我順便問你，你見我有什麼事嗎？」於是我說明了來意。讓我非常驚訝的是，他不但立即答應了我的請求，並且比我要求得還多得多。我只請他資助一隊童子軍赴歐洲，但他竟資助了五隊童子軍，另加上我並讓我們在歐洲住七個星期。他又給我寫了介紹信，介紹給他各分公司的經理，讓他們幫忙。他自己又親自在巴黎接待了我們，帶領我們遊覽城市。自此以後，他給那些家境貧苦的童子軍提供一些工作，而且現在仍在盡其所能資助我們這個團體。但我知道如果我不找出他感興趣的事，讓他先高興起來，那麼我想接近他一定很不容易！

可見，要想受到大家的歡迎，就要多談論大家感興趣的話題。多談對方關心的事情，以免讓對方反感。搭訕中，你不可大肆吹噓自己，這只會讓對方反感，你必須把對方關心的事放進去。對方關心什麼呢？人們最關心的是自己，這是人類最普遍的心理現象。比如，當我們觀看一張合影相片時，最先尋找的是自己，如果自己照得走了樣，就會認為整張照片拍得不好。

尋找彼此間的共鳴

人們常常說的一句話是「跟著感覺走」，雖然很多理智的人對此不屑一顧，但不得不承認的是，人無論做任何事，常常會被感覺左右著。交朋友也是如此，感覺對了便繼續交往，感覺不對則淡淡相處。在人際交往的過程中，人們的態度、觀點、文化背景、年齡、性別、興趣、愛好、地位和經歷等方面的相似性，可以增加彼此之間的吸引力。這種相似性類似於物理學上所說的「固有頻率」，當兩個物體之間的頻率達到一致時，它們之間就會引起共鳴，這個頻率就叫做「固有頻率」。

如果在與朋友進行交往時，能找到和對方一致的「固有頻率」，就更容易交到好朋友。流傳千年的「高山流水」故事，就是尋找共鳴的最高境界。

春秋時期，楚國有一位著名的音樂家，他的名字叫做俞伯牙。俞伯牙從小非常聰明，天賦極高，非常喜歡音樂，他拜當時很有名氣的琴師成連為老師。三年之後，俞伯牙成了一名非常傑出的琴師，但讓他感到苦惱的是，雖然很多人喜歡聽他彈琴，但真正能聽懂他曲子的人幾乎沒有。有一天，俞伯牙乘船沿江周遊，船行到一座高山旁邊時，突然下起了大雨，於是他將船停在山邊避雨。俞伯牙耳聽淅瀝的雨聲，眼望雨打江面的生動景象，頓時琴興大發開始彈奏。忽然，他感到琴弦上有異樣的顫動，這是琴師的心靈感應，說明附近有人在聽琴。俞伯牙走出船外，果然看見岸上樹林邊坐著一個砍柴人，名叫鍾子期。俞伯牙將鍾子期請到船上，說：「我為你彈奏一首曲子好嗎？」鍾子期立刻表示洗耳恭聽。俞伯牙即興彈奏了一曲《高山》，子期讚嘆道：「多麼巍峨的高山啊！」他又彈奏了一曲《流水》，子期讚嘆道：「多麼浩蕩的江水啊！」俞伯牙又佩服又激動，對鍾子期說：「這個世界上只有你才懂得我的心聲，你真是我的知音啊！」於是兩人結拜為生死之交，並約定俞伯牙周遊完畢要去鍾子期家拜訪。

後來，俞伯牙如約來到鍾子期家，但此時子期已經不幸去世了。伯牙聞聽悲痛欲絕，跑到子期墓前為他彈奏了一首充滿懷念和悲傷的曲子，然後站起身，將自己視為生命的琴砸碎於子期的墓前，從此再沒有彈過琴。要引起他人的共鳴，達到接近對方的目的，首先就要知道如何使自己的「固有頻率」和對方的「固有頻率」一致，也就是要尋找共鳴點。

尋找彼此之間的共鳴點，這是一種主動的方法。世界上沒有兩片完全相同的樹葉，當然更不會有完全相同的兩個人。即使是同一父母孕育出來的雙胞胎，也不會完全相同。所以，想要找到一個和自己理想中朋友完全一致的人，基本上是一件不太可能的事情，而且也是完全沒有必要的。比如，雖然你的脾氣與他不同，但你們的興趣愛好相同，你們都喜歡聽音樂，談起巴赫與貝多芬，你們就有說不完的話，這時你們就要秉著「求大同存小異」的態度，忽略彼此間的不同之處，儘量找出兩人之間的相似點，只有這樣，雙方才有可能感受到彼此的吸引力，進而產生想要接近和進一步交往的慾望。

朋友、同事相聚，最忌一個人唱獨角戲，大家當聽眾，成功的社交應是眾人暢所欲言。各自都表現出最佳的才能，做出最精彩的表演，為達到這一目的，就必須尋找能引起大家最廣泛共鳴的內容。有共同的感受，彼此間才可各抒己見，仁者見仁，智者見智，氣氛才會熱烈。所以，你若是社交活動的主持人，一定要把活動的內容和參加者的好惡、最關心的話題、最擅長拿手好戲等因素聯繫起來，以免出現冷場。尋找共同點作為話題，可「黏」住對方。「物以類聚，人以群分」，每個人的社交圈，實際上都是以自己為圓點，以共同點（年齡、愛好、經歷、知識層次等）為半徑構成無數的同心圓。共同點越多，圓與圓之間交叉的面積越大，共同語言也越多，是最容易引起對方的共鳴。比如，同班同學就比同校學生親密，同宿舍的又比同班的要好，同桌比同宿舍的更容易建立起牢固的友誼，如果既是同桌又是老鄉，那簡直可以成為鐵哥們。因此，在與他人搭訕時，一定要留意共同點，並不斷把共同點擴大，對方談起來才會興致勃勃，談話才會深入持久。

把話說得更投機些

人其實是感覺動物，每時每刻都被上千種資訊所刺激。但是，這麼多資訊為什麼使我們手忙腳亂呢？這是由於人腦的處理能力很卓越，它只挑選最重要的資訊供我們判斷。每個人在感覺能力上都會有側重點，總有一種感覺比較出色。你可以通過觀察，採取相應的配合措施，從而找到與他人的同感。找到了同感就可以更加順暢地溝通，這就需要你去把話說得更加投機。

無論是在那種場合與人交往，總是可以通過一些管道瞭解對方的喜歡。對他人的喜歡之物表示興趣，可以順利地達到與對方同步。

投其所好並不容易，這是不適合主動挑起話題，更多的是要給予暗示，表明是不經意和對方的興趣愛好一致，效果會更好，這樣也可以把話說得更投機一點。

比如：你想和一個喜歡寫詩的人順利溝通，要是主動去和他大談特談寫詩，他會很厭煩。因為他是這方面的專家，你所說的在他看來一句都說不到點子上。如果你是在他談起詩的話題時表示出興趣，並從態度上鼓勵他來談論，你們溝通就會很迅速地達到融洽。不經意地表達出和別人一樣的興趣愛好，會讓別人主動靠近自己，達到可把話說得更投機的目的。

要投其所好，最關鍵一點是瞭解到他人真正的興趣愛好，自己也需要在這個愛好上有所準備，溝通時才能自然流露出來。

釣魚時用的魚餌，不是你所喜歡吃的食物，而是魚最喜歡吃的食物。與人交談溝通時，勿忘「投其所好」。

在美國的一家煤炭商店，有一個叫拿佛的推銷員。這家商店生意雖然還算不錯，但比鄰那家規模宏大的連鎖商店，從來不肯到拿佛的店中進貨，寧願跑遠路到別的煤炭商店去購買。拿佛對這一情況百思不得其解，每當他看到連鎖商店的運輸卡車，拉著別家店的煤炭，從自己的店門飛奔而過時，心中便泛起一種說不出來的滋味和苦惱。於是拿佛暗下決心，一定要說服打通鄰家連鎖店的經理，從他們的店中購買煤炭。

有一天上午，拿佛彬彬有禮地出現在連鎖商店總經理的辦公室裏。「尊敬的總經理先生！」拿佛說道：「今天來打攪您不是為了向您推銷我店的煤炭，而是有一事相求，最近我們準備就連鎖商店的普及化將對我國產生什麼影響為題，開一個討論會，我會在會上進行發言。您知道，在這一方面我是個外行。因為除了您，我再也想不到一個能給我指點、更加合適的人了，我想您不會拒絕我的請求吧！」結果從事先約定好的幾分鐘到兩個小時的交談，這位總經理不僅把他本人經營連鎖店的經過，他對連鎖店在國家商店中的地位與作用的認識，都向我介紹了一遍，而且還把他寫的一本書送給了我。談話結束後，我要起身告辭的時候，這位總經理笑容滿面的把我送到了門口。他祝我在討論會上的發言能贏得聽眾認可，又再三叮囑我一定要將討論會的詳情告訴他。臨別時，他對我說了最後一句話：「從春季開始，請你在再來找我。我想本店的用煤由貴店來提供，不知道可不可以。」

一個長時間都沒有解開的結，拿佛用兩個小時的談話就解開了。這奇怪嗎？每個人都有他自己的喜好或感興趣的領域。當交談涉及這個領域時，交談的雙方很自然地就會感覺到自己像遇到知音一樣。

無論是與人交談還是求人辦事，能將話說得投機一點就是唯一捷徑。如果你投其所好，說的話就能深入人心；如果反其所好，將引起對方的厭惡，為自己帶來不必要的麻煩。看過美國總統羅斯福傳記的每一個人，都會驚訝他何以全知全能。無論是牧童、農民、勞工，還是政治任務、商業鉅子，都能和羅斯福談得很投機，這其中到底存在什麼秘訣呢？

其實原因很簡單，羅斯福是個歷史上相當成功的政治人物，他深知獲取人心的捷徑，就是談論他們認為最值得談的事，能讓他們之間談話更投機的事。羅斯福無論接見任何人，無論那人地位高低，在前一晚肯定要預先閱讀對方有興趣的談話資料。因此，所有見過他的人，每一個人都會對他有很好的評價。

在實際的溝通中，彼此認同是一種可以直達心靈的溝通技巧。要想把話說得更投機，只投人所好是不夠的，還得去尋求同步。

同步是溝通的第一步，是溝通雙方之間的共同目標時，所採取的相互呼應、步調一致的態度，也就意味著溝通在這種同步下會走向順利。當溝通雙方都能從對方的角度看問題時，就形成基本同步了。於是彼此會尋找共同點，各種共同點綜合起來，溝通的可行性就大，把話說的更投機的可能性就更大了。

話不投機，幽默去之

在人的社交能力發展過程中，幽默感起著舉足輕重的作用，擅長幽默的人在人際交往方面比較成功，因為人們很難討厭讓他笑起來的人，並且他們也知道，在話不投機的時候，會用幽默化解，避免了矛盾的發生，因此幽默在人際交往中的作用是不可低估的。美國的一位心理學家說過：「幽默是一種最有趣、最有感染力、最具有意義的傳遞藝術。」幽默的語言能使社交氣氛輕鬆、融洽，利於交流。

林肯的一生是在接連不斷的磨難中度過的。挫折是他生活得主旋律，抑鬱是他人格的大敵，但他學會了用幽默來化解這一切。

林肯可以說是美國歷任總統中最有幽默感的一位，而且有時候還自嘲。人們都知道林肯的容貌是很難看的，他自己也知道這一點。有一次，他和道格拉斯辯論，道格拉斯說他是兩面派，林肯答道：「現在，讓聽眾評評看。要是我有另一副面孔的話，您認為我會帶這副這麼難看的面孔嗎？」在話不投機的時候，很好的用幽默把它化解了，同時還表達出了自己的真正的意圖。

還有一次，林肯正在滔滔不絕的演說時，突然他的助手遞給他一張紙條，上面只寫了兩個字「傻瓜」。林肯瞄了一眼，知道這是有人在搗亂，但他沒有生氣，而是笑著對廣大的聽眾說：「先生們，女士們，過去我常收到許多匿名信，全部都是只有內容，沒有名字的。而我剛剛收到了一張只有署名而沒有內容的紙條。」

無獨有偶，美國前總統雷根也是一個幽默的人。有一次，他在白宮鋼琴演奏會上台說話的時候，看到夫人不小心連人帶椅跌落在台下的地毯上，於是風趣地說：「親愛的，我告訴過妳，在我沒有贏得掌聲時，妳才應該這樣去表演。」台下立刻響起了一片熱烈的掌聲。

巧妙地運用幽默，不但會顯露出自己的機智與豁達，並且還使你和別人的距離越來越近，哪怕話不投機，在短時間內就打破僵局，出奇制勝，化險為夷。

幽默使生活充滿了情趣，哪裡有幽默，哪裡就有活躍的氣氛。它是空氣的清新劑，能緩解緊張的矛盾，使氣氛更加融洽和諧。

古希臘哲學家蘇格拉底在家中與人聚會，正當大家談笑風生之時，他的妻子闖了進來，並大吵大鬧，隨即將一盆水潑到丈夫頭上，使蘇格拉底成了落湯雞。看到這種陣勢，朋友們都在心中為他們夫妻捏了一把冷汗，以為惡戰即將來臨。然而，蘇格拉底不僅沒有發火，相反風趣的笑著說：「我早就料到，雷聲過後，必定是場傾盆大雨。」友人聽後，都情不自禁地笑了，不愉快的場面就這樣通過幽默化解了。

幽默不僅能夠用自身的機智、自嘲、調侃和風趣給人們帶來歡樂，而且有助於消除敵意，緩解摩擦，防止矛盾升級。幽默還能激勵士氣，提高效率。

一九八一年一天下午，當雷根總統從華盛頓希爾飯店出來時，一個青年持槍向他射擊，雷根胸部受重傷，當時立即被送進醫院。

他對趕來看望他的夫人說的第一句話竟是：「親愛的，我忘了躲了」。

當被推進手術室時，他面帶微笑對外科醫生說：「請向我保證，你們都是共和黨人。」

一位醫生立即回答說：「總統先生，今天我們這裡都是好的共和黨人。」

手術後的第二天早上，雷根信心十足地說：「我很快就會痊癒的。」

護士接著說：「願你繼續堅持下去。」

雷根聽後故做驚慌狀，問說：「妳的意思是不是說，也許這樣的事還將會發生幾次？」

一天，他看見醫生和護士像往常一樣圍著他，於是他說：「假如我在好萊塢也這樣引人注目，我當初就不會退出電影界。」

人們常有這樣的體會，疲勞的旅途上，焦急的等待中，一句幽默、一個風趣的故事，能使人笑顏逐開，疲勞頓消。

在公車上，因擁擠而爭吵的事屢有發生，任憑售票員「不要擠」的喊聲扯破嗓子，仍無濟於事。突然，人群中一個小伙子嚷著說：「別擠了，再擠我就變相片了」，聽到這句話，車廂立刻爆發出一陣歡樂地笑聲，人們馬上便把煩惱拋到了九霄雲外。此時是幽默調解了緊張的人際關係，話不投機的時候，幽默去之，一樣有很大的效果。

顯而易見，幽默的力量是巨大的，不但有助於身心健康，還比較容易取得成功。因此，我們要善於培養幽默感，從自我心理修養和鍛鍊來提高自己。

學會就地取材找話題

寒暄之後，常會出現不可預料的冷場，這個時候就要即時尋找合適的話題。有人說：「交談中，要學會沒話找話的本領。」寫文章，有了好題目，往往文思泉湧，一揮而就；交談中，有了好話題，常能使談話融洽自如。好話題，是初步交談的媒介，是深入細談的基礎，是縱情暢敘的開端。但這要求至少有一方熟悉，能談；大家感興趣，愛談；有展開探討的餘地，好談。找話題的方法也有多種，就地取材找話題，面對眾多的朋友，選擇大家關心的事件為題，圍繞人們的注意中心，引出大多數人的議論，「語花」四濺，形成「中心開花」的熱烈場面。

比如一輛滿載遊客的汽車，在途經一條沙河時因故拋錨，恰逢此時山洪爆發，河水陡漲，造成多人溺亡的慘劇。事故發生後的第二天，有人與一群朋友交談時，提出這一話題。頓時，這一「熱點新聞」引起大家議論紛紛。有的補敘自己所知的具體情節；有的發表對失職者的處罰意見；有的講述主管人員親赴現場的情景……大家七嘴八舌，欲罷不能。這類話題，大家想談、愛談，又能談。人人有話，自然就說個不停了。

辦事時，如果遇到與陌生人交往，談話時要善於尋找話題。好話題是初步交談的媒介，深入細談的基礎，是轉入正題的開端。話題應該注意避免枯竭而冷場，即使很難找到有共同話題的人交談，只要你經常注意下面這些細節，就會很容易的找到可以交談的共同話題。你可以注意周邊事物，學會就地取材找話題，由淺入深，最後達到你要表達的目的。

巧妙地借用彼時、彼地、彼人的某些資料為題，藉此引發交談。有人善於借助對方的姓名、籍貫、年齡、服飾、居室等，就地取材即興引出話題，常常取得很好的效果。

就地取材能找出很多話題，比如：

天氣：談論天氣或季節。例如「天氣真熱」、「真冷啊」等，這樣的話對誰都可以說。

健康：有關健康的話題。從相互問候開始到最近關於健康的新聞或事物，這是很多人都感興趣的話題。

愛好：關於愛好或娛樂的話題。如釣魚或高爾夫，即使你是個外行，一旦知道了對方的愛好，仍可以用提問的方式展開交談。

新聞：談談最近發生的事件或事故，注意儘量避免談論政治或宗教。如果是男士之間的交談，體育新聞會是很好的話題。

失敗經歷：談談自己事業上的失敗。如果你坦誠地談及自己的失敗經歷，對方也會說「其實，我也……」，來向你吐露心聲。

朋友：關於朋友的話題。有時向對方提起自己認識的人當中，有一些有趣的朋友時，會意外地發現原來此人是雙方共同的朋友。

家庭：關於家庭的話題。誰都會不經意地提起關於結婚與否，或有關家人的話題。

就地取材能找到很多話題，但有些話題不能涉及，比如一些私人問題，還有在交流的時候要留心觀察，才能找到更多的話題。從一個人的服飾、舉止、談吐可以看出他的心情，精神狀態和生活習慣。開始談話前首先看對方有何與自己相同之處。例如，他和你一樣都穿了一雙耐吉氣墊運動鞋，你可以用耐吉鞋為話題開始你們的談話。

兩個陌生人相對無言，為了打破沉默的局面，首先要開口講話，可以採用自言自語，例如，「天氣太熱了」，對方聽到這句話便可能會主動回答將談話進行下去。還可以以動作開場，隨手幫對方做點事以此話題便可展開。

因此要學會就地取材去找話題，這樣話題多，自然靈活。

會讚別人都沒讚過的美

人人都喜歡聽讚美的話，這可能是人的本性所決定的，但不一定所有讚美的話都能讓人喜歡，因為說讚美話的時候，要分場合、對象，用恰當的語言讚美，才能贏得被讚美者的喜歡，否則，讚美話說的再多，也不可能達到讚美的效果。並且要學會讚別人都沒讚過的美。因為讚美是一種禮貌，是一種尊重，是一種鼓勵也是一種關心。能給人帶來友愛，帶來溫馨，帶來精神的快感，帶來心情上的愉快。人從懂事那天起，就知道什麼話好聽，什麼話不好聽，讚美的話和吹毛求疵的話就能辨別得出來，幾乎沒有人喜歡吹毛求疵的人，除非是不正常的人。愛美之心人皆有之，所謂美，其中也包含著語言的讚美。

每一個人都有稱讚的特點，不論是一個什麼樣的人，哪怕是一個犯了錯誤的人，他也有可讚美之處，就看你能不能發現。能不能對一個人的全面瞭解，權衡一下優缺點，就不難發現一個人的長處。給人長處的讚美，就是對人的尊重，也是做人有教養的表現。讚美的話，並非人人都能說的恰到好處，讚美的本身是對人的尊重，這是無可非議的，但過多的讚美，無止境的讚美，不分場合的讚美，不分對象的讚美，那就另當別論了。

我們給予他人讚賞，必須發自真心，你要真的覺得對方很好。如果連你自己都覺得是在刻意諂媚討好，效果就一定不好。

有時候，我們會聽到別人說：「唉喲，他這個人還能有什麼優點，真是看不出來。我太瞭解他了，他沒什麼好讚美的！」會不會那個人的確有一些難得的優點，只是你沒有發現呢？所以，試著細心觀察身邊的人，分析他平時的談吐和行為舉止。漸漸地，你一定能在他身上，發掘到別人沒有看到的優點。

其次，好的讚美總是具體的讚美，具體的讚美才有說服力和影響力。比方說，你讚美一個人：「你是一個善良的人。」這句話就顯得有點空洞，對方也不知道你根據什麼事情來說這句話。但是如果你說：「你知道嗎？有一次我意外在電影院前，看到你拿出一百塊向老婆婆買口香糖，老婆婆找你的錢，你也沒拿。我覺得你真的是一個善良的人。」這樣的讚美，就是具體的讚美，說的人覺得自己在描述一件事實，聽的人也能感受到你說這句話的誠意。再來，讚美沒有疏近遠親之分，我們身邊的人更應該得到讚美。

很多人不善於讚美別人，原因是不會把握讚美的時機，不會去挖掘別人沒有發現過的優點。

曾經在報紙上讀到一篇文章，文章中描述小鎮上有一位屠夫，大家都以為他窮兇惡極，所以人緣不好。後來他去世了，他的女兒在家裏設了簡單的靈堂，辦理後事。此時，有一位住在附近的老伯來弔唁，對這位女兒說：「妳爸爸其實是個面惡心善的人，有一顆很善良的心。」話才剛說完，屠夫的女兒居然怒視著這位老伯。老伯有點心慌，還以為自己說錯了話。屠夫的女兒於是說：「這句話你為何不早點說？你知道嗎？我爸爸臨死前，還以為全世界的人都不喜歡他，心裏覺得非常遺憾。現在再說什麼，他全都聽不到了。」

遲來的讚美，當事人可能再也沒有機會聽到。所以對於一個人的讚美要趁當下，不要延誤了時機。

有一個小孩天天調皮搗蛋，大家都拿他沒辦法，真正是應了俗諺說的：「五歲六歲貓狗嫌。」有一天，小孩的媽媽發現，他居然自己乖乖的把飯吃完，把碗筷拿到廚房水槽放好。到了晚上，還自動上床睡覺，平時這孩子可是老盯著電視不放，叫也叫不動的。這個做媽媽的，一時之間無法理解孩子突如其來的轉變。趁小孩剛上床不久，她進房間看看孩子，和他道晚安。正要走出房間時，她聽到孩子低聲地自言自語說：「難道我今天不是一個乖小孩嗎？」那一刻，這位母親覺得好懊惱，因為她忘了在孩子做對事的時候，立刻給予讚美與鼓勵。

事後再說這些話，效果一定不如當場說來得好。說讚美的話也有學問，並非是人人都能把讚美的話說到恰如其分。讚美也要講究策略，注意技巧，既能使對方欣然接受，感到心情愉快，而且還要贏得對方對自己的好感，以達到其真正的讚美效果。讚美要發自一個人的內心，要展現真誠，要實事求是，而不是隨心所欲、信口開河，因為你要讚美的人，是你瞭解的人，你要讚美的話，是來自於被讚美人的優點。如果你能準確而又親切地用善意的優美動聽的語言，和藹自然地將其對方的優點讚美一番，既能使在場的人引起共鳴，同為稱道，也使對方會感到受之無愧，欣悅誠服。

第七章

思維敏捷，用語言扭轉乾坤

人生如戰場，聰明的人總能把事辦得恰到好處；人生如舞台，有頭腦的人總能把話說得滴水不漏。一個人能不能在人際關係上隨機應變，重要的是看他在說話時思維是否敏捷。一個人能不能在社會上左右逢源，重要的是看他在辦事時有沒有靈活的頭腦。說話辦事要多動腦筋，隨機應變，這樣才能在社會上左右逢源、遊刃有餘，才能成為一個說話辦事的高手。

岔開話題是避開鋒芒的最好方式

語言是我們在溝通過程中的重要工具，如何運用我們的語言進行溝通，如何運用語言去解決我們與他人溝通中遇到的各種困難，這是我們在生活和工作中應該學會的交流方法。這就需要我們要學會運用幽默的語言和笑料沖淡尷尬的處境，活躍氣氛，這也是語言機智應變的技巧之一。

在演講或會話中，一個話題往往不會貫串始終，中途轉換是司空見慣的事。那麼我們就要在適時的情況下有意轉換話題。一般說來，有這樣一些情境需要我們轉換話題：會話出現冷場；談話內容枯竭，會話難以維持；有人失言或出現意外的尷尬局面；產生不同意見，不便爭論、不必爭論或不想爭論；原話題無積極意義，低級趣味或可能傷及他人；交談一方對正在談論的話題不感興趣，甚至有厭惡情緒；在演講或會話中，如果出現了冷場、尷尬局面，或談話觸及他人隱私的時候，就不要再繼續談下去，要立即轉換話題。那麼，具體在什麼時候轉換話題呢？

在交談中出現危急狀態時，應立即轉換話題。轉換話題可根據當時的情景、你身邊的事物等為話題去轉變，但必須得做到「巧」。例如，三國時，一次曹操與劉備飲酒。曹操以手指劉備，後自指，曰：「今天下英雄，唯使君與操耳！」劉備聞言，立時一驚，手中所持箸不覺落於地上。時正值天雨將至，雷聲大作。劉備乃從容俯首拾箸曰：「一震之威，乃至於此。」操笑曰：「丈夫何畏雷乎？」劉備曰：「聖人迅雷風烈之變，安得不畏？」將聞言失箸之故輕輕掩飾過了，操遂不疑劉備。劉備在驚慌落箸之後，機敏地巧用天氣變化，把誰是英雄的話題岔開，轉移了曹操的注意力，才化險為夷。

在交談中，為了達到一定的目的，可以以假亂真，真真假假，虛虛實實，巧妙地改換話題。例如，明初，有一知府姓曹，自稱曹操後代。一日，他去看戲，正逢演《捉放曹》。扮演曹操的趙生把曹操的奸詐陰險表演得惟妙惟肖，曹知府見自己祖先被辱，不覺大怒，當即派差役傳趙生治罪。差役欲帶趙生，趙生不明其故，差役告之，趙生即隨差役進府。曹知府見趙生昂然而來，拍案喝道：「爾等小民，見本府怎不下跪？」趙生瞪眼回答道：「大膽府官，既知曹丞相前來，怎不降階而迎？」曹知府氣得臉色鐵青說：「你，你，誰認你是曹丞相？你是唱戲假扮的！」趙生冷笑一聲說：「哼，大人既知我是假扮者，又為何當真，欲將我治罪呢？」曹知府只好放了趙生。

在日常生活中，談話的時候如果你發現對方的情緒有點不穩時，或者答非所問或故意雞同鴨講，你可以暫時拋開主題，姑且提出另一個不同的話題，先緩和情勢，別讓對方的情緒野火越燒越旺，等火勢稍減，再找機會切入正題。這時在語意學和心理學的理論上，你可以多用一些中性的、比較不刺激的轉介詞，來降低對方的敵意和情緒化反應。如「話雖如此，果真如此，確實如此」等語詞。當你在詢問下屬工作上的失誤時，你說：「這個案子怎麼會變成這樣子？裏面錯得離譜，這到底是怎麼回事？」對方卻說：「哎呀！我昨天一整天被品管部的人拚命打電話來問東問西，搞得我頭都昏了！業務部的人也說他們的加班時間太長……」當你遇到這類雞同鴨講、答非所問的情況時，最好不要先發脾氣，你應該知道對方正陷入情緒化的自責和不安中，這時你再怪他答非所問也是無濟於事，不如就改變原本的說話內容，暫時休戰不去逼對方，除了讓對方喘口氣休息，也讓自己冷靜想想後續的應對策略。

不過，如果你不去逼對方，甚至沉默以對，對方這個時候反而會覺得不好意思，過了一會兒，會主動要求和你對談你原先想談的主題。然而，和沉默比起來，岔開話題是比較不尷尬的策略，但是岔開話題如過於勉強或不自然，也很有可能招致對方的反彈，所以選擇適當的話題也很重要，最好是岔開到比較輕鬆的話題，讓現場氣氛和對方的情緒放鬆，才有可能繼續交談下去。在許多談判和公關高手的心中，最怕的其實是隱藏在對手心中不為人知的情緒炸彈。有很多案例顯示，許多場合眼見談判就要成功，對方就要屈服或簽約，忽然間對方情緒崩潰或爆發，結果反而造成兩敗俱傷或永遠決裂的下場。而這些看不見的炸彈，是談判和公關高手無法預知的，即使你非常注意對方的言行，也絲毫看不出對方的情緒有問題。因此，情緒是交談中的不定時炸彈，如果對方有任何舉動，或表情或言詞已出現異狀，就要先停下來，不要再步步逼近，岔開話題先處理他們的情緒，你才會有勝算。

適時停止無謂的爭辯

從爭辯所獲得的勝利，是沒有什麼意義的。無意義的爭辯不僅使個人的精神、時間、身體都矇受損失；而最可怕的影響，卻是在社會關係上，因爭辯而發生不合的現象。社會減少了合作能力，進步自然也有了限制。

喜歡爭辯的人，表示他自傲自大。避免跟人爭辯最聰明的方法，就是同意對方的主張，不必管他的意見是如何可笑，如何愚笨，如何淺薄，你用禮貌對答他，你無條件贊成他的意見，佩服他的見識和聰明。以後你要避開他，在沒必要的時候，你不要跟他交往。你要獲得勝利，唯一的方法是避免爭論。你抱著不抵抗主義，讓向你進攻的人，自動停止他的策略，你的精神不能耗費於無益的爭辯。不但避免普通的爭辯可能，也是避免有目的進攻的爭辯挑戰。你的心目中只需記住：**用愛解仇，仇可立解，以恨止怨，怨必更深。**

林肯勸誡他的屬下說：「你們的工作，難道不夠繁忙嗎？為什麼還有多餘的時間，去跟人們爭辯呢？況且互相爭辯，總是得不償失」。舉個例子說，我們去和瘋狗爭一條路，究竟是不是值得的呢？我覺得你應該立刻讓開牠。否則，你如果被牠咬上一口以後，雖然立刻把牠打死，但是你已經得不償失了。

一般所謂討論是以理智做出發點，而爭辯完全屬於情感的。你在與人討論以前，你得先考慮一下，這件事是否有討論的必要，對方是不是可以討論的人，倘若你認為是可能的，那麼你便闡述你的意見。但是如果雙方的討論，有涉及意氣或感情的時候，你應該立即停止。就算對方跟你喋喋不休的時候，你也應當堅決終止所討論的問題。因為感情衝動，常是一發而不可收拾；你要保持情誼，那麼不如暫時犧牲一下個人的主張。反正真理總是不變的，你當深深地體味這句話。

有的時候爭辯是無法避免的，在爭辯的時候，大家幾乎忘記了理智，是受著感情的支配，每個人都可能說出一些感情衝動的話。因為爭辯的時候，雙方只是在鬧意氣，往往失去理智，任憑氣憤情感衝動，甚至因此而犧牲多年的友誼。要記住，爭辯時的心靈表現，實在已經超越了常態，而這種心靈表現，卻是有害無益的。許多聰明的人，他知道爭辯無益，於是用各種聰明的方法，來解決與對方的爭辯。他會用一種開玩笑的方式，使爭辯變做胡鬧，使大家都一笑置之。爭辯會自然劇烈下去的最主要原因就是步步進逼，使對方惱羞成怒，那麼爭辯的場合，一定劇烈得不堪收拾。如果辯論不能完全避免，有時為了正義，也必須不惜熱烈舉行舌戰，而且必須堅持到底。

三國時，諸葛亮特別到吳國去請兵共同抗曹。那時，孫權部下除了周公速和魯肅外，卻都主張和曹操講和。於是諸葛亮便用他的口才，來和所有的吳國臣將辯論吳國應出兵助蜀漢以抗曹魏的理由，在諸葛亮和大家相見的時候，吳國的謀士張昭先用說話來挑動諸葛亮，他說：「昭是江東沒有才能的人，不過聽得先生高臥在隆中，自比管仲於毅，可有這樣的話嗎？」諸葛亮笑著說：「這是我生平極小的比喻呀！」張昭說：「近來，聽得劉備三顧茅廬，幸得先生相助，彷彿如魚得水一般，想席捲荊州，但現在一旦屬於了曹操，會是什麼樣子呢？」諸葛亮知道張昭是吳國一個有名的謀士，現在應該先說服他，所以就回答說：「我以為取漢中的土地，易如反掌。我主劉備躬行仁義，不忍奪取同宗的土地，所以竭力推辭不取。」

但是劉琮不懂事，誤中了奸臣的計，暗自投降了曹操，這樣就使曹魏更加猖獗了起來。此刻我們的主人，在江夏屯兵，自然別有所圖，這等事，你們又怎能知道呢？張昭說：「照這樣說來，先生的言行，豈不是矛盾了嗎？你是自比管仲樂毅的，可是管仲在齊桓公那裡做宰相稱霸天下，樂毅幫助弱小的燕國，也奪取了齊國七十多個城池，這兩個人真是英雄大才。先生在茅廬中，但知向風月示傲慢；但現在既然幫助了劉豫州，應當替生靈除害，剿滅亂賊反臣才對。但劉備在沒有得先生相助的時候，尚且能縱橫天下，割據城池，現在得了先生以後，卻見曹兵一出，便棄甲拋戈，望風披靡；如今失地無數，連安身的所在也將沒有了。難道管仲樂毅，也是這樣的嗎？」諸葛亮笑著回答說：「鵬程萬裡，燕雀焉知鴻鵠之志；比如人害了重病，當先飲以粥湯，服以和藥，而使臟腑調和，形休漸安；然後才可以治以猛藥，服以肉食，從而病根可除，人命賴以救治，不這樣做，徒想用猛藥來挽救生命，豈不是妄想？劉備寄存在劉表那裡，兵不滿千，將也只有關張趙雲幾個，這正和人害了重病一樣子，在新野那山僻小縣中，人口稀少，糧食缺乏，劉備在那裡也不過是權以容身，說不上想做大。可是雖在那種兵甲不完，城郭不固的環境中，那一次博望的火攻，白河的水淹，使曹軍心膽俱裂。我以為管仲樂毅的用兵，也至多這樣罷了。至於劉琮的投降，劉備完全不知道，而且他又不忍奪取同宗的地方，這正是他大仁大義的表現。」

「寡不敵眾，勝負也是兵家常事，從前漢高祖屢次被項羽打敗，但垓下一戰，總至成功；國家大計，社稷安危，是有一定的計謀，不是靠誇口逞舌可以收效的。」這一段話，是抓住了對方的弱點，予以錯誤的暴露，所以使張昭再沒有話可以回答了。但另外一個人虞耀卻又應聲說：「如今曹公屯兵百萬，大將千員，吞併江夏，即在目前，你覺得怎樣？」諸葛亮聽了，微笑說：「他雖擁兵百萬，但都是袁紹劉表的烏合之眾，何懼之有？」虞耀冷笑說：「兵敗地失，現在正想向人求援，還說不懼嗎？」諸葛亮說：「劉豫州以數千仁義之師，又怎能敵百萬殘暴之眾，現在逞守夏口，這是等待機會。如今江東兵精糧足，且地勢有長江的險要，但臣將們卻都還要使他們的主屈膝降賊，不顧天下的恥笑，從這裡看起來，劉備真是不害怕曹賊了。」這是抓住對方的弱點所在，加以批駁，自然使他們無法對答了。正在這時，步騭又插嘴說：「孔明先生也想學張儀、蘇秦的口舌，來遊說東吳嗎？」諸葛亮反問說：「你以為張儀、蘇秦只是辯士，但你可知道他們也是豪傑嗎？蘇幸佩六個相印，張儀兩次相秦都是竭力幫助別人的，和那些畏強凌弱的比較起來，真是完全下同。你們聽了曹操虛言大話，便畏怯請降，卻笑起張儀、蘇秦來，豈不是可笑得很？」諸葛亮的反駁，是不是強詞奪理呢？不，他是以對方的立場，駁斥對方的錯誤的見解，這樣他又獲得勝利了。

辯論欲求勝利，應該使自己的知識範圍擴大得很廣泛，你的知識越廣，見聞越多，那麼資料也越豐富，自然辯駁起來也更能順利。因為事理的真相，需要用各方面的證據來證實，你的知識領域狹小，那麼你一定強於應付，很容易流於意氣之爭。在辯論的時候，你應當注意自己的態度，平心靜氣的討論。因為大家的意見相爭，常使好朋友變成仇敵。因此，必須把頭腦放得很冷靜，態度很沉著。心平氣和，是你應該把握的秘訣，成功的人常在暗中克服他人的意志，而絕不漲紅了面孔來大聲爭論。

在辯論時，永遠要避免正面衝突，普天下想得到辯論勝利的唯一方法，那就是避免辯論，即使辯論會得到勝利，但那勝利也是空虛的，因為你永遠不能得到對方的好感，而你希望要哪一種：空虛的勝利還是人家的好感？二者絕不可兼得。

流言面前，坦然處之

誰人背後不說人，誰人人後不被說。在歷史中，這種背後流言的文化源遠流長。屈原遭流言的迫害，最終投江自盡；岳飛也是被套上了「莫須有」的罪名而被殺害；夫差貪戀女色，根本不想過問政事，伍子胥力諫無效，反被讒言逼迫自盡……被惡語中傷喪命的英雄豪傑不知千百萬。作為一個普通人來說，在生活和工作中，我們要學會坦然面對流言蜚語。

明槍易躲，暗箭難防。每個人都會說話，說話的目的都是為了表達自己的想法，有些人愛用語言污蔑他人、顛倒黑白，有些人喜歡賣弄口才，挑撥他人兄弟反目成仇，夫妻打鬧離婚。芸芸眾生，皆為利而往來。明星的八卦新聞比比皆是，捏造的娛樂資訊信手拈來。於是，老祖宗的流言文化在今日得到了進一步的發揚與光大。

流言的確很可惡，但是在面對它時所有人都不應該沮喪、難過。別人污蔑你，那就證明你有值得他們觀察的地方，說明你有個人魅力；別人說你壞話，證明你與他存在思想上或行為上的差異，這說明你很獨到，有自己的特色；證明你不與他同流合污，堅定自己的信仰和原則，說明你做事很有準則，是值得信任的……。

戰國時，各諸侯國經常相互攻伐，為使大家能遵守信約，國與國之間常將太子交於對方做人質。有一年，魏國和趙國簽訂了和約，魏王要把兒子從京都大梁送到趙國的都城邯鄲去做人質，並派大臣龐蔥陪同前去。龐蔥深知魏王的脾氣，耳根子軟，容易偏聽偏信，擔心自己一走，國內那些反對他的人會製造流言蜚語。

於是他臨行前特別對魏王說：「如果現在有人報告大王，說大街上來了一隻老虎，您相信嗎？」「我不相信。」魏王回答說。

龐蔥又問：「如果第二個人也說大街上有老虎，您相信嗎？」魏王說：「既然兩個人都這麼說，我就會半信半疑了。」

龐蔥再問：「如果第三個人也說大街上有老虎，您相信嗎？」魏王說：「大家都這麼說，我只得相信了。」接著，龐蔥感慨地說：「大王，老虎不會跑到大街上來，這誰都知道。但經過三個人一說，大街上有老虎的事就成真的了。我想邯鄲離大梁比宮裏離大街要遠得多，只怕日後議論我的人還不只三個，大王要仔細考查才行。」魏王點點頭說：「寡人心中有數，你放心去吧。」於是，龐蔥辭別魏王去了趙國。果然不出龐蔥所料，他剛一走，誹謗他的話就不斷地傳到魏王耳朵裏，魏王很快也相信了。到太子質押期滿回宮後，魏王就不再見龐蔥。對此，龐蔥坦然處之，過著自由自在的悠閒生活。

正因為在流言蜚語未產生前，龐蔥已有了心理準備，所以他雖然受到魏王不公正的待遇，卻仍能以正常的情緒生活。這說明他是一個意志堅強、頭腦清楚的人。一切受到流言蜚語的人，都應該向他學習，提高對流言蜚語的認識。

但可惜的是，很多人遭受流言蜚語卻不能坦然處之。尤其在職場中，同事每天與你一起工作，彼此之間免不了會有各種雞毛蒜皮的事發生，引出各式各樣的瓜葛和衝突。這種瓜葛和衝突有些是表面的，有些是背地裏的，種種的不愉快交織在一起，便會引發各種矛盾。

一個公司裏，這樣的人越多，人際關係越複雜，「內耗」越嚴重，工作效率也越低。相反，如果大家都能集中精力工作，不過多關注他人的缺點，人際關係就會比較正常、簡單，工作效率就會提高。那麼，面對同事間的各種流言蜚語，我們該如何化解呢？

當你發現昔日與你交往甚密的同事竟在你背後四處散播謠言、詆毀你的人品時，你可能很想和他大吵一架，揭露他的謊言，讓其他同事認清他的真面目。但你有沒有想過，因為大家是同事，如果你擺出絕交的態度，以後可能就很難在同一個辦公室工作了，你這樣做只會將整個辦公室的氣氛弄僵。更何況，上司最不喜歡下屬因私事而影響工作。所以，對待這樣的人和事你要冷靜面對，別說過火的話。例如：「你憑什麼在背後說我的壞話？」、「你這個小人，肯定會遭報應的！」這樣對誰都沒好處。

對這樣的同事，你只要暗中與他疏遠就行了。「路遙知馬力，日久見人心」。時間久了，誰是什麼樣的人大家自然也就清楚了，他給你造的謠自然也就不攻自破。到那時，被孤立的是他，而不是你。

面對那些蠅營狗苟的人，不能以不正當的方法去回擊他們低俗的行為，那樣有失身份，也欠修養。「夫君子之行：靜以修身，儉以養德；非淡泊無以明志，非寧靜無以致遠。」面對流言，我們應該懷有詩中所說的坦然心態：「莫道讒言如浪深，莫言遷客似沙沉。千淘萬漉雖辛苦，吹盡狂沙始到金。」

「亡羊」沒關係，關鍵會「補牢」

在交際場合中，如果某個較為嚴肅、敏感的問題弄得交談雙方都很對立，甚至阻礙交談正常順利進行時，我們可以暫時讓它迴避一下，通過轉移話題，用一些輕鬆、愉快的話題來活躍氣氛，轉移雙方的注意力，或者通過幽默的話語將嚴肅的話題淡化，使原來僵持的場面重新活躍起來，從而緩和尷尬的局面。

如朋友之間為了某個問題爭得面紅耳赤，僵持不下時，可以適時說個笑話，讓雙方的情緒平緩下來，在輕鬆的氣氛中讓尷尬消失殆盡，使交際活動得以順利進行。

有時候當人們因固執己見而爭執不休時，造成僵持難以緩和的原因往往已不是雙方的看法本身，而是彼此的爭勝情緒和較勁心理在作怪。實際上，對某一問題的看法本身常常並不是固定不變的，隨著環境的變化和角度的轉移，不同乃至對立的看法可能都是合理和正確的，因此，我們在打圓場時要抓住這一點，幫助爭論雙方換一個角度來看待爭執點，靈活地分析問題，使他們認識到彼此看法的相對性和包容性，從而讓雙方停止無謂的爭論。

有這樣一個故事，老同學聚會，大家見面格外親熱，聊得十分高興。這時，一位男士對一位女士信口開河地說：「妳當初可是主動追求我的，現在還想我嗎？」按理說，在老友重逢迎的氣氛中，這些話雖然有些不妥，但也無傷大雅。但這位女士由於某種原因心情不好，竟然臉色一變，氣呼呼地說：「你神經病！誰會追求你這種心理齷齪的人。」她的聲音很大，在場的人驚訝地看著她，都覺得很尷尬，場面一下子冷下來。

這時，另一位女士站了起來，笑著說：「我們小妹的脾氣還沒變啊，她喜歡誰，就說誰是神經病，說得越厲害越讓人受不了，就表明她越喜歡。小妹我說得對吧！」一番話，讓大家都想起了大學時的美好生活，不由得七嘴八舌，互相開起玩笑來，一場風波也就平息了。

從這一事例可以看到，在交際中遇到的尷尬的場面時，只要做到審時度勢，準確把握雙方的心理，然後運用說話技巧，借助恰到好處的話語及時出面打圓場，化解尷尬，維護交際活動的正常進行，這樣說錯的話及時得到了補救，「亡羊補牢，為時不晚」。要想成功地「補牢」、打圓場，可以針對實際情況，靈活對待，或用幽默的話語轉移話題，製造輕鬆氣氛；或指各方觀點的合理性，強調尷尬事件有其合理性；也可以故意歪曲對方的話、找個藉口給對方台階下。

有一次，一個著名演員和丈夫舉辦敬老晚宴，請了文藝界許多著名的前輩。時年九十多歲的著名畫家齊白石在看護的陪同下也前來參加，老人坐下後，就拉著這位著名演員的手目不轉睛地盯著她看。看護帶著責備的口氣對白石老說：「你總盯著別人看什麼呀！」白石老人不高興了，說：「我這麼大年紀了，為什麼不能看她？她生得好看。」說完，老人家氣得臉都紅了，弄得大家都很尷尬。這時這位演員笑著對白石老人說：「您看吧，我是演員，不怕人看。」在場的人都笑了，場面氣氛也緩和下來了。

在這裡，這位演員恰當地運用了打圓場的技巧，強調事件發生的合理性，以「自己是演員」為理由，證明白石老人看自己是正當而合理的，這樣就順利地擺脫困境，也給對方找到了行為的理由，交往活動也就能正常地進行。

在交際活動中，交際的雙方或第三者由於彼此言語之間造成誤會，常常會說出一些讓別人感到驚訝的話語，做出一些怪異的行為舉止，因此導致尷尬和難堪場面的出現。為了緩解這種局面，我們可以採用故意「誤會」的辦法，裝作不明白或故意不理睬他們言語行為的真實含義，而從善意的角度來做出有利於化解尷尬局面的解釋，即對該事件加以善意的曲解，將局面朝有利緩解的方向引導轉化。

如本文開頭同學聚會的例子，如果批評哪一方面都是不合適的，只能加劇矛盾的激化，破壞聚會的氣氛。

這時候唯一的辦法就是從善意的角度，對雙方的語言做出「歪曲」的解釋，故意把女士的話理解為一種「喜歡」，引導大家一起回憶過去的好時光，在這樣的氣氛中，大家會很快忘記尷尬和不愉快，本來要形成的尷尬場面也就煙消雲散了。善意的曲解是彌補別人一時的疏忽，消解別人心中的誤解和不愉快，保證人際交往的正常進行，因而是一種很有效也很有必要的交際手段。

在現實生活中，當交際雙方因彼此不滿意對方的看法而爭執不休時，很難說誰對誰錯，做為調解者應該理解爭執雙方此時的心理和情緒，不要厚此薄彼，以免加深雙方的差異，並對雙方的優勢和價值都予以肯定，在一定程度上來滿足他們的自我實現心理，在這個基礎上，再拿出雙方都能接受的建設性意見，這樣就容易為雙方所接受。

用微笑面對玩笑

因為玩笑，生活充滿情趣；因為認真，事業才能向前。生活需要快樂，玩笑是大本營；事業需要付出，認真是助推器。人生道路上，認真是出發，玩笑是回歸。從認真中，我們積極進取，實現價值，感受人生；從玩笑中我們忙裏偷閒，分享快樂，體味溫情。生活裏懂得認真才會充實，伴有玩笑方能愉悅。

以玩笑態度去對待工作，那叫遊戲人生；以工作態度去對待玩笑那叫不解風情。因此，有口無心的玩笑話，我們沒必要去刨根究底，死盯硬扣。玩笑是生活中不可缺少的快樂元素，它可以給我們帶來輕鬆和歡樂；玩笑是一個人幽默感的展現，它可以塑造人的品格特徵；玩笑也是一些矛盾產生的「導火線」，它可以破壞我們周圍和諧的環境。

朋友、同事之間，大都不會天天繃著臉，茶餘飯後，工作之餘常開點玩笑，既可以活躍氣氛，又可以放鬆神經解除疲勞，還可以拉近大家之間的距離。會開玩笑的人，能讓人在一片歡笑中，記住他的風采，並對他產生親近感。在出現分歧的時候，開個玩笑或許就可成為緊張局面的緩衝劑，使同事之間消除敵意，化干戈為玉帛。開玩笑有時還可以用來委婉地拒絕他人的要求，或進行善意的批評。

生活中一些人喜歡開玩笑，也會開玩笑，但是也存在一些不分場合，不注意掌握分寸開玩笑的人。有些人開的玩笑很庸俗，有些人愛講低級趣味的笑話，這的確會使同事覺得你太俗，沒勁。有的人喜歡拿同事的一些笑柄來開玩笑，本來人家心裏對此就特別忌諱，再拿來說笑，自然會鬧出不愉快，容易引發矛盾。但是玩笑的目的在於「玩」，因此我們不必太在乎一些讓人不愉快的玩笑，想像開玩笑的人的初衷是要讓大家開心，這樣我們用微笑來面對，不但自己會開心，也不會引起大家的不愉快。

喜劇泰斗卓別林說：「幽默是生活的好方法。」這話一點不假，想活得好，便要幽默些。人生其實苦多樂少，現實生活中常常有許多事情不盡人意，凡事計較，便會凡事心煩，最好的方法是用幽默化解，讓你的生活和別人的生活同樣的充滿歡聲笑語。幽默是一種有趣或可笑而意味深長的交往方式。幽默大師說：「幽默是一種常常使人開懷暢笑，而自己也樂在其中，享受輕鬆的快感。」在生活中，幽默也是一種灑脫、積極、豁達、機智、詼諧的生活態度。

幽默的展現形式之一就是開玩笑，善於開玩笑的人，不僅可以減少尷尬，還可以製造一種輕鬆的氣氛。因此我們每個人也要學會開玩笑，學會培養自己的幽默感，這是生活中必不可少的。有的人說自己沒有幽默的天分，一到了重要的場合就很緊張，話都不想說了，哪裡還有閒情來開玩笑啊。確實，幽默是有天分存在的，可是後天的培養也是很重要的，沒有後天的培養，就永遠都達不到理想的高度。

善用「我錯了」從困境中抽身

主動承認自己的缺點，比讓別人批評要心情舒暢。如果你覺察到他人認為你有不妥之處，或者想指出你的不妥之處時，你就要自己先講出來，使他無法與你爭辯。相信他會寬宏大度，不計較你的過錯，能原諒你。

畫家弗迪南德・沃倫回憶自己的經歷時這樣說：「有些編輯要你照他的意圖馬上創作一幅畫，這難免會使你的作品出錯，與我共事的一位編輯吹毛求疵。每當他這樣做時，我就離開他的辦公室走出去，這倒不是因為對他提出的批評不滿，而是對他這種態度和方法感到氣憤。前不久，他要我在短時間內給他創作四幅畫，我趕時間畫好，他打電話把我請去。我一進他辦公室發現他對我懷有敵意，這是我意料之中的事。他讓我談談為什麼這樣畫，而不是那樣畫，於是我就用學到的方法做了自我批評。我說：先生，如果這幅畫確實像你所說，我畫錯了，我沒有理由為自己辯護，我承認錯誤。我長期應約為你作畫，發生錯誤是不應該的，我很內疚。他立即改口為我開脫：你說得對，但這不是什麼嚴重錯誤，只是……我打斷了他的話：任何錯誤都要付出代價的，犯錯誤自然會讓人生氣。他又想說什麼，但我沒讓他說。我有生以來第一次批評自己，但我卻對此滿意。我再仔細些就好了，我說，你長期邀約我的畫，有權要求我把畫畫好。我再重新畫一幅。不、不，他反對我這樣做，我沒有那個意思。他把我的作品誇讚了一番，表示只是想讓我對其做些修改，我的失誤對出版社的聲譽不會有什麼影響，勸我不必為此擔心。我的自我批評使他無法再與我爭吵，最後他請我一起用早餐，臨分手前他給了我一張支票，並約我再為他作一幅畫。」

蠢人才會試圖為自己的錯誤辯護，實際上大部分蠢人也正是這樣做的。承認自己的錯誤，會使你比不承認錯誤的人高明得多。

埃爾伯特・哈乙特是位與眾不同的作家，他那尖刻的言辭常常引人發怒。可是他具有化敵為友的非凡才華。例如，當氣憤的讀者寫信表示不同意他的觀點，並在結尾寫上侮辱他的語言時，他通過這樣回信：「您的信我已仔細拜讀，我告訴您，我本人對自己的觀點也不甚滿意。昨天寫下的東西今天不一定都喜歡，我高興地瞭解到您對我所提問題的看法。您如有機會到我這裡來，請順便到我家來共同探討這個問題。忠實您的埃爾伯特」

當人家這樣對待你，你還能說什麼呢？當你覺得自己正確並要別人承認你的觀點時，一定要謹慎、策略；如果錯了就乾脆認錯。這種方法可產生意想不到的效果，承認錯誤比自己辯護心裏更為舒暢。

像羅斯福這樣偉大的人物，也從來不怕承認自己所犯的錯誤。他還在紐約警備團第十八中隊當隊長的時候，就表現出了這種高貴的品格。曾經和他在同一個隊裏待過的一個中尉說：「當羅斯福帶隊練操的時候，他常常會在中途這樣喊一聲：『停一下！』他邊喊，邊從褲袋裏拿出一本教練手冊來，當著全隊所有人的面翻到某一頁，找出他所要找的內容來，認真讀了一遍，然後對我們說：剛才我做錯了一點，本來應當是這樣做的。像他這樣誠懇的人實在不多。有時候，對他的這種行為我們常常忍不住要笑出聲來。」

在他當紐約市市長的時候，在一次更為嚴重的情形中，他也顯示出了這種特性。經過他提議和努力的一個議案在國會通過之後，他發現自己的判斷錯了，能夠勇敢而主動地承認自己的失誤。「我感到很慚愧」，他當著國會議員的面承認說：「當我極力贊成這項議案的時候，我當初確實是有一點隱衷的，我不應當這樣做。而我之所以會這樣，部分原因是我的報答之心，部分是依從紐約人民的意願。」

從這裡我們看出，尋找托詞為自己開脫，並不是羅斯福的習慣。相反，他能直率地承認自己的錯誤，並儘量去糾正它。像他這樣坦白的人，是令人欽佩的。錯誤本身並不可怕，可怕的是錯得沒有價值。一個人雖然犯了點小錯誤，但如果他能總結失敗的教訓，知道自己為什麼失敗，並不再犯更大甚至是致命的錯誤，則錯誤對他來說比成功的經驗還重要。

人在成功的時候，總是認為自己是高明的，很少歸結為運氣；而出錯時，卻總是以運氣不佳為藉口，害怕承認錯誤、分析錯誤，以致故態復萌，再犯同樣的錯誤。殊不知錯誤本身都有其可以借鑒的價值，而只有那些善於從失敗中總結經驗教訓，不怨天尤人的人才能避免重複犯錯。

一位著名的醫學專家曾說過：「我寧願讓一個人犯錯誤，而不喜歡他為自己的錯誤找托詞來回避責任，只要他第二次不犯同樣的錯誤。托詞是一種危險的東西，容易使人養成很壞的習慣。一個從不找托詞逃避責任的人，雖然工作不一定都做得很好，但他總是會盡力地往好的方面去做。」

第八章

嚴詞將人說服，柔語化解衝突

俗話說：「一句話說得讓人跳，一句話說得讓人笑。」同樣的目的，但表達方式不同，造成的後果就不太一樣。說話要分場合、要有分寸，最關鍵的是要得體。不卑不亢的說話態度，優雅的肢體語言，活潑俏皮的幽默，這些都屬於語言的藝術。因此，要懂得語言的藝術，該嚴厲時則嚴厲，該溫柔時則溫柔，只有掌握這樣的分寸，運用嫻熟的語言藝術，你的生活才會更成功。

欲攻其人，先攻其心

有一位知名的「討債專家」說，這世界上有三種人的債最難討，就是民代政客、員警和黑道。不過，他都有辦法討得到。因為他深知他們的弱點：民代政客怕醜聞，員警怕被告，黑道怕人情。只要掌握了他們的弱點，他們一樣乖乖聽話。這位「討債專家」可以說是如假包換的「攻心專家」。他的這席話，說明了「攻心」為說服之術。懂得「攻心」，不要說討債了，你要的事業、訂單、財富、愛情和人生幸福，都可以一一手到擒來。很多人都以為，那些談判高手或說服專家，都是口才流利、能言善道的人，其實不然，只有懂得「攻心」說話才是談判或說服成功的關鍵。

美國聯邦調查局和知名國際公關公司在內的許多談判高手都表示，要說服一個人，口才不是重點，攻心才是關鍵。美國聯邦調查局一位專門測寫罪犯人格和心理的探員，多次突破重大罪犯的心防，因而偵破了不少重案；而當記者採訪他時，卻發現他竟然是個不善言詞的人，他的話不多，卻每個字都很精準有力，他告訴記者，他不是個善辯的人，而要盤問罪犯，靠的也不是口才，而是攻心策略。

談判和協商戰場上，你的話是子彈，而對方的心理弱點和需求，是唯一的目標靶；如果瞄不準靶子，或是根本看不到靶子，儘管妙語如珠、說話像機關槍，也只是浪費子彈。這時候不如找一位狙擊手，只要一顆子彈，正中靶心，勝過亂槍打鳥。攻心，正中對方的罩門，找出對方恐懼的關鍵，滿足對方的需求，你就可以擁有你想要的結果。

阿凡提是維吾爾民族傳說中的神奇人物，他以風趣和機智著稱。他經常運用誘導的語言技巧，替平民百姓申冤出氣，懲治那些貪心的巴依（巴依相當於古代漢民族中的財主），讓他們顧此失彼，吃盡苦頭。至今還有不少維吾爾人把阿凡提當做他們的救世主。

據說有一天，阿凡提到一位以吝嗇貪婪聞名的巴依家去借鍋，那巴依當然不肯，最後是把阿凡提的小毛驢留下做抵押，才讓他拎鍋出門。第二天，阿凡提準時來還鍋，並且還帶著一隻小鍋，巴依好奇的問：「阿凡提，你帶這個小鍋來幹嘛？」阿凡提故作神秘地說：「老爺，你昨天借給我的鍋是一隻懷了孕的鍋，今天早上我到你這裡來的時候，它剛好生了一隻小鍋，所以我一併帶來還給你啦！」巴依當然不信鍋會生孩子，他還以為阿凡提是個蠢貨，為了得到這只小鍋，他裝模作樣地說：「是啊！是啊！我昨天借給你鍋時，它正懷著孕呢！」然後讓阿凡提牽走了小毛驢，並假裝慷慨地說：「阿凡提，今後不管你要借什麼東西，都儘管來借好了。」從此以後，阿凡提每借一次東西，都會依樣還給巴依一件小東西，巴依笑得合不攏嘴，心裏卻不停地嘲笑阿凡提。過了半個月，阿凡提愁眉苦臉地對巴依說：「巴依老爺，我的母親生病了，我想借你那口祖傳的金鍋去給母親煎藥。」巴依一想到過幾天就有兩只金鍋到手，便不顧一切急忙把金鍋借給阿凡提。誰知這次阿凡提過了很久都沒來還鍋，巴依等得不耐煩，決定親自上門去討回來。正準備出門，阿凡提急忙忙地跑進來，上氣不接下氣地說：「巴依老爺，不好了！你借給我的那只金鍋難產死了！」巴依大吃一驚，瞪起眼罵說：「放屁，鍋怎麼會死呢？」阿凡提立即提高聲音說：「巴依老爺，你既然相信鍋會生小孩，那它為什麼不會死呢？」貪心的巴依被自己的無知和貪婪弄得啞口無言，不僅失去珍貴的東西，而且還成為大家的笑柄。

聰明的阿凡提顯然算得上是高明的說話大師。他先摸清對方的性格特點，然後欲擒故縱，誘使對方犯下錯誤，最後將他輕易地駁倒。誘導對方失誤的說話術在運用時一定要先投其所好，掌握對方的心理弱點，讓對方自願走進陷阱而無法自拔。例如，你想讓對方洩露某項商業機密，可以先找出對方感興趣的話題，引起對方的好感，待其削弱對你的防備心理，然後再伺機而行，一定能如你所願。

在生活中，很多人都以為所謂的談判高手說話就要像機關槍一樣，事實上，話越多的人，思考就越少，而且說話太多太快，對方也根本無法吸收，純粹是浪費口水和力氣，對談判結果和說服任務一點助益也沒有。因此，在說話之前，一定要先摸清對方的心理特徵，做到「欲攻其人，先攻其心」。

學會聲東擊西，順對方思路反駁

一千五百年前的唐朝圍棋高手曾創立「圍棋十訣」，其中有一訣是「勢孤取和」，意思就是當自己力量不夠，勢弱無力和對方抗衡時，最好先和對方和解或先順對方的意，不要正面和對方起衝突，寧可屈身等待時機。說話或談判時也是如此，如果對方的勢力比你強，或者情勢上不允許你強出頭，當對方非常堅持自己的立場時，你最好不要正面反駁，這時你該意識到，對方是一面牆，是一把劍，你如果再正面衝過去，難免有皮肉之傷，甚至造成不可收拾的後果，也就是對方拒絕和你再溝通或者彼此形成敵對的狀態。這個時候，你可以運用「投其所好」的策略，先不去否定或反對他的主張，先和他站在同一邊，然後再根據他的看法，加上你的建議，這麼一來，對方會把劍收回去，把牆挪開。

同樣的攻心策略，也可以運用在公司內部；每個公司多少都會有比較頑固或激進的員工，這時身為上司的你就可以對下屬說：「你的意見我非常贊成，我也願意支持你去做，但是，只要有任何差錯，我這個支持者就會失去舞台，甚至要扛下責任，到時候恐怕沒人敢再支持你了。」這時候，激進的下屬一想到會連累你，就會靜下心來反省自己；或者對自己很有信心的下屬，在執行這件你支持他的任務時，會特別小心，以免失去你這個唯一的支持者。

當你進行說教或演講時，有時候會有人提出不同的看法，甚至理直氣壯地對你提出反對意見。此時，你千萬不要立刻毫不客氣地反擊，因為以這種正面交戰的語言策略來反應是不會有好結果的，反而會使雙方鬧僵，讓自己失去風度，也下不了台。因此，當你遇到這種情況時，必須先重視對方的問題，而且要表現得問題好像很嚴重，不能草率應答，一定要找時間來研究，用這種戰術讓對方受寵若驚，甚至感到事態不妙，自己也不好再堅持下去。如此一來，你不但保住了形象和風度，也讓對方「知難而退」，這才是一個沒有副作用或殺傷力的完美攻心策略。

美國有家生產乳製品的大工廠，某日來了一位怒氣沖天的顧客，他不客氣地對廠裏的負責人說：「先生，我在你們生產的乳製品中發現一隻活蒼蠅，我要求你們賠償我的精神損失。」之後這位顧客提出一個天文數字的賠償數字。在美國，像這種乳製品生產線的衛生管理是相當嚴格的，為了防止乳製品發生氧化反應而變質，每次都要將罐內所有的空氣抽出，然後灌入一些無氧氣體後再予以密封，在這種嚴苛條件下生產的乳製品，根本不可能有活的蒼蠅會在裏面。由於這個事件關係到公司的商譽，這位工廠負責人不好立即揭穿那個人的騙局，只是很有禮貌地請他到會客室裏，那位顧客邊走還邊破口大罵。當這名顧客第三次提出抗議並要求賠償時，負責人很有風度地為對方倒了杯水，然後慢條斯理地說：「先生，看來真有你說的那麼回事，這顯然是我們的錯誤，你放心，你會得到合理的賠償。由於這個問題事關重大，我們絕對不會忽視的，這樣吧，你稍等一下，我馬上命令關閉所有的機器，以查清錯誤的來源。因為我們公司有規定，哪一個生產環節出現失誤就由哪個環節的負責人來負責，待我把那位失職的主管找出來，讓他給你賠禮道歉。」

說完後，負責人一臉嚴肅地命令一位工程師：「你馬上去關閉所有的機器，雖然我們的生產流程中不應該會有這種失誤，但這位先生既然發現了，我們就有義務給顧客一個滿意的答覆。」那位先生本來只是想用這個藉口來詐騙一些錢，但他沒有想到自己的話會引起如此嚴重的後果，頓時擔心自己的花招被拆穿，那樣一來他會被要求賠償整個工廠因停工而造成的損失，那麼即使他傾家蕩產也賠不起。於是他開始感到害怕，並且囁嚅說：「既然事情這麼複雜，我想就算了，只是希望你們以後不要再發生類似的事情。」就這樣，他給自己找了一個理由想拔腿便走。那名負責人叫住他，誠懇地對他說：「感謝您的指教，為了表示我們的感激，以後您購買我們的食品均可享受八折優待。」這個人沒想到會因此得到意外收穫，從此他也成為這家公司的義務宣傳員，讓更多的人肯定這家公司產品的品質。

在這個故事中，那位高明的工廠負責人不僅掌握了對方的心理，先順著對方的心理說話，最後再揭穿對方的騙局，而且還反過來「綁架」那位顧客的想法，使他從此以後成為公司最有效的廣告宣傳員。

高明的談判專家絕不會用頭去撞牆壁，而是要選擇對自己阻力最小的說話策略；讓對方發現他們自己的想法有錯誤，他們必然「知難而退」。因此，別忘了讓敵人自己「知難而退」，不花一兵一卒，是最省成本的，學會「聲東擊西，順對方思路反駁。」

給別人找好台階

一個人說話做事要給自己留點餘地，給別人留點面子，不能把話說絕，把事做絕，否則受害的只能是自己。許多人把面子看得比什麼都重，所以會說話的人在說服別人的時候，懂得給人留面子，在必要的時刻給對方一個台階下。

聰明的人懂得如何不揭穿他人的謊言，免得使人下不了台。也許有人會認為這樣做太傻，殊不知，「傻人」往往才是最聰明的人。為了不傷人面子，你可以在談話中給對方鋪台階，可以假定雙方在一開始時沒有掌握全部事實。

一位顧客來到一家百貨公司，要求退回一件外套。她已經把衣服帶回家並且穿過了，只是她丈夫不喜歡。她辯解說：「絕沒穿過」，要求退貨。女售貨員檢查了外套，發現明顯有乾洗過的痕跡。但是，直截了當地向顧客說明這一點，顧客是絕不會輕易承認的，因為她已經說過「絕沒穿過」，而且精心偽裝了沒有穿過的痕跡。這樣，雙方可能會發生爭執。於是，機敏的售貨員說：「我很想知道是否妳們家的某位成員把這件衣服錯送到了乾洗店去。我記得不久前我也發生過一件同樣的事情，我把一件剛買的衣服和其他衣服一起堆放在沙發上，結果我丈夫沒注意，把這件新衣服和一大堆髒衣服一股腦兒塞進了洗衣機。我懷疑妳是否也遇到這種事情；因為這件衣服的確看得出已經被洗過的明顯痕跡。不信的話，妳可以跟其他衣服比一比。」顧客看了看證據知道無可辯駁，而售貨員又為她的錯誤準備好了藉口，給了她一個台階。說可能是她的某位家庭成員在沒注意的情況下，把衣服送到了乾洗店，於是顧客順水推舟，乖乖地收起衣服走了。售貨員的話說到顧客心裏去了，使她不好意思再堅持。一場可能的爭吵就這樣避免了。

有一位老師曾遇到過這樣一件事：下課了，一個同學向老師反映，昨天她爸爸送給她的生日禮物：一支黑色派克鋼筆不見了。老師巡視了一下全班同學的表情，發現坐在她旁邊的學生神情驚慌，面色蒼白。於是，這位女老師明白了一切，但如果當面指出，不僅沒有證據，還會傷害這位同學。她想了想說：「別著急，肯定是哪位同學拿錯了，黑色的鋼筆實在太多了，互相拿來拿去是經常發生的事。只要等會他看清楚了，一定會還給妳的。」果然，下課以後，這位同學就發現自己的鋼筆又回來了，不禁感到老師真是料事如神。

比如現在有些公司，主管對下屬、老闆對員工，為了工作開展批評和自我批評，這是民主的風氣，正常的上下級關係。可是，總有那麼一些主管或老闆盛氣凌人，頤指氣使。被批評者下不來台心生怨恨，批評者在台上恐怕也找不到下來的台階，勢必造成主管與下屬之間關係緊張，老闆與員工之間產生敵對情緒。仔細想想，這樣的教訓實在太多，危害無窮。

現實社會，競爭激烈，容易讓人心浮氣躁。人與人之間共同相處，或走到一起，甚至到一家商店買東西，一個飯店去吃飯，由於各人的性格、脾氣、志趣、修養、文化等不盡相同，總有個磕磕碰碰的時候，有時甚至會發生矛盾衝突，吵吵嚷嚷，這不足為怪。人各有志，不能勉為其難。但是，當我們每每遇到這種尷尬時，就要有個姿態，主動給別人一個台階。多做自我批評，多多諒解他人。

人們通常會為謊言尋找各種藉口，你若是一個精於交際之術的人，就會知道，面對別人的謊言，直接戳穿並不是最好的辦法，必要的時候給他一個台階，才能說得他心服口服，體面地收起那套鬼把戲。人們都有一時衝動，做錯事、說錯話，得罪人的時候，如果你以牙還牙只會使事態變得更嚴重。不妨給對方一個台階下，反而能使對方產生愧疚感，自動改正錯誤，以達到說服他的目的。

語言要緩和，惡語必傷人

古希臘寓言中說：「舌頭這東西的確是個怪物，它能用最美好的詞語來讚譽你，也可以用最惡毒的言詞來詛咒你，它能把螞蟻說成大象，也能把小丑說成國王。」可見，說話大有學問。善於說話的人，可以流利地表達自己的意圖，也能把道理說清楚、動聽，使別人樂意接受。有些人口若懸河、出口成章，描繪多少金玉良言、豪言壯語、警世箴言，真是善言健談。又有些人信口雌黃、搬弄是非，製造多少廢話、蠢話。是的，說話輕浮，行動也草率，長舌頭和頭腦簡單是親家，一句話可以把人說得笑，一句話也可以把人說得跳。

常言道：「良言一句三冬暖，惡語傷人六月寒。」人言可畏，舌頭底下可以壓死人。言語還是思想的衣裳，在粗俗和優美的措辭中，展現不同的品格，在不知不覺中有意無意間為別人描繪自己的輪廓和畫像。人們常說人心隔肚皮，就是說人嘴上說的話真假難辨。於是，表面一套，背後一套，瞞上欺下，弄的大家很不開心。表面上看他在做好事，實際上他弄得你雞犬不得安寧。

「惡語傷人六月寒」，飯從口入，禍從口出；古往今來，大凡得罪人者，多與其出口傷人的說話方式有關。所以，為人處世且不可圖一時之痛快。俗話說：「衣服要乾淨，語言要文明」，這是告訴人們要說文明話。大家知道，世界上任何一個民族都有一些約定俗成的禮貌語言，這反映了人類社會生活的某些共同準則，表達了人與人之間的良好祝願。健康的語言是文雅樸實、優美動聽的，它起到促進團結、激勵人奮進、改善人與人之間關係的積極作用。粗野汙穢的語言是令人討厭的，它會破壞團結、敗壞社會風氣、腐蝕人們靈魂。

猶太教士強調講話時要克制，他們說：「一旦說了一句話，就像一把利箭射出，永遠也不能收回。」拉比西米昂・本・迦馬列對他的僕人塔白伊說：「去集市給我買些好的食物。」僕人去了，帶回一塊舌頭。他告訴他：「去集市給我買些壞的食物」。僕人去了，又帶回一塊舌頭。猶太教士問他：我說「好的食物」，你帶回一塊舌頭；我說「壞的食物」，你也帶回一塊舌頭，這是為什麼？僕人回答說：「它是善和惡的根源。當它善的時候，沒有比它更善的了；當它惡的時候，沒有比它更惡的了。」一切眾生，禍從口出。惡語傷人，有如矛刺心，若能話到口邊留半句，則是積口德。

一切眾生，禍從口出，惡語傷人，有如矛刺心。惡言相向的人，通常會引起禍端，一般人往往因為別人的惡言而懷恨在心，並激起對方強烈的反彈情緒。惡言包括詛咒、恥笑、辱罵、攻訐、中傷，所以儘量不要用惡言來傷害別人，因為自己將來也會成為被別人傷害的對象。所以語言的運用必須多做保留，以免別人利用你的話語，作為攻擊的目標。有人因言而招禍，有人因言而成就，有人舌燦蓮花，有人口出惡言。**贈人以善言，重如珠玉；傷人以惡言，甚於劍戟**。

有一個刑期中的囚犯，在服勞役修路時，撿到一千元，他立即把錢交給監管員警。意想不到的是，對方卻滿臉鄙夷地對他說：「拿自己的錢變著花樣來討好，企圖減刑，你甭來這一套！」囚犯心灰意冷，心想這世上沒人相信自己了。晚上，他越獄了。在逃跑途中，他大肆搶劫，並登上開往邊境的火車。火車太擠，他只得站在廁所門口。這時，有一位女孩如廁，關門時發現門扣壞了，她很有禮貌地對他說：「先生，你能為我把門嗎？」他一愣，看到女孩那純潔無邪的臉，他莊重地點了點頭。他像一位忠誠的衛士，把守著門。就因為女孩這句話，他突然改變了主意。在下一站，他下車到派出所投案自首。

一句粗暴的話語，差點讓一顆良知尚存的心靈徹底毀滅；而一句充滿信賴的話語，又使一個正在沉淪的靈魂得到拯救。身為文明社會的文明人，我們當善說良言，力戒惡語，因為有時候，一句話影響了人的一生。

格言說：「刀瘡易好，惡語難消。」良言勸善人心暖，惡語傷人有報應。語言可以安慰人，也可以引發爭端。在人與人的交往中，回答柔和可以使怒氣消退；言語暴戾容易招致災禍。口出惡語不但傷人，而且有損自身形象。因此，在社交活動中，應當尊重他人，溫文儒雅，講究語言美，而不要自以為是，出言不遜。人們都願意和性格豪爽的人交往，在社交場合，除非是原則問題，不要爭得面紅耳赤，不要為一些雞毛蒜皮的小事生氣，勃然大怒，甚至翻臉，要表現出有氣量和涵養。

善用不含貶義的批評詞

批評與表揚是對立的，有表揚就有批評，有批評也就有表揚。然而，人們往往都喜歡表揚而討厭批評，因為大多數人都會覺得被人批評是件很難堪的事。但從批評者的主觀願望來說，其實是想通過批評促使被批評的人克服和改正不正確的思想或者行為。然而，批評者美好的願望往往有時卻因為說話的方式欠妥，與預期的目標相去甚遠，造成了事與願違。由此可見，講究批評的方法，講究批評的藝術，確實是至關重要的。

要客觀公正，有所針對。批評通常是在事情發生以後出現的，批評者一定要深入瞭解事實的真相，要通過研究分析後，對被批評人的思想或者行為做出實事求是的評價，給予公正合理的批評；這才是批評者對被批評的人做出評價最基本的要求。但是在現實中，有時批評者往往會以偏概全，甚至偏激的字眼，特別是在事情緣由還沒有搞清楚的情況下，盲目的進行激烈批評，使被批評的人心裏覺得非常冤枉。所以批評者一定要明確你要批評的是針對哪一件事，哪一個行為。而且還應該點明某一值得批評的行為是非和法理，千萬不可以「一棍子打到底，人還在雲裏霧裏」；更不應該將某些行為，甚至不能算不正確的行為，放在大庭廣眾進行批評。如果硬是堅持將適得其反，反之只要方法得當，對被批評人而言，如針對某一件確實有的行為批評，還是比較容易接受的。

要心平氣和，委婉含蓄。批評人時，要理智地把握住自己的情緒，不要用訓斥、威脅的口氣，也不要用斬釘截鐵的語氣；那種瞪眼睛、拍桌子，大聲叫嚷等發怒的情緒化批評更是要不得，這樣只會使人產生對抗的逆反心理，也有損於批評者的形象。因為每個人都有很強的自尊心，所以在批評人時，一定要用心平氣和的態度，講究委婉含蓄，同時還要考慮環境條件，時間、場合，設身處地為被批評的人著想，儘量不在人多的場合點名批評被批評的人，能夠不點名的就不要點名，完全可以對事不對人，這樣既成全了被批評人的面子，也起到教育其本人，同時教育大家的作用。如果批評者能夠滿懷愛心，滿懷理解，用心平氣和的態度點明被批評人的不足或者缺點，用真情感化被批評人，啟迪被批評人的心靈，那麼不僅可以達到批評的效果，而且還可以使被批評人產生自我檢討的意識。

要用詞得當，言語由衷。批評者在批評時，不要嘮嘮叨叨，長篇大論，語言要簡潔明瞭，言語千萬不可含諷刺、嘲笑、污辱的意思。如果批評時言語難聽，會使被批評人產生消極悲觀情緒，也許會針對某些刺耳的字眼辯駁起來或者耿耿於懷，進而忽視了批評者本來要批評修正的那件事，所以批評者要注意語言文明，用詞得當，才能夠在被批評人的心中留下良好的形象。一個明智的批評者，是不會隨便去批評被批評人，更不會隨便說說，而是發自肺腑之言，能夠讓被批評人感受到批評者是期待他受批評的影響而有所改進；能夠讓被批評人感受到批評者，是有責任且樂意幫助人去解決工作過程中，出現的每一個問題或者不足和缺點的。事實上積極有益的批評過程，就是促使批評者與被批評人雙方，為達到共同的目標而攜手合作的過程。

批評是一門很有學問的藝術，批評要含蓄委婉，批評要就事論事，批評要把握尺度，批評要選擇場合，批評要滿懷期望。古人云：「治人如治病，得其方，藥到病除，不得其方，適得其反。」批評一定要講究藝術。

在職場中，上司批評下屬也要注意方法。有時候為了改變自己的強勢形象，或者面對抗壓性比較差的員工時，應該採用和風細雨式的批評方法，甚至更加委婉的方式；面對別部門對自己下屬的指責時，幫下屬擋住，給下屬創造一個相對安靜、安全的改進環境，讓他好好吸取教訓；用身體、手勢、眼神來批評對方，如果互相合作的時間比較久，他應該馬上就能明白你的意思；用反問法，如：「你覺得這樣就可以了嗎？」下屬一聽就知道你不滿意，自然會再去修改。還有一種極度委婉的批評方式：建議式批評。如：「我可以給你一些建議嗎？」「你在意我和你分享一些方法嗎？」「你在意我和你說一下我的心得嗎？」等等。

批評下屬是一件不太輕鬆也不容易的事情，有時會令那些缺乏管理知識和經驗的主管者感到無所適從。但是，誰都會犯錯誤，批評也是一種藝術。如果管理者不懂得如何批評下屬，就有可能降低部門的工作效率，甚至影響整個團隊的工作情緒。實際上，溝通是解決問題的最佳方法。大多數的錯誤不是由下屬主觀引起的，可能是多種因素的綜合結果。當管理者在批評下屬時，也要認真地反省自己應該承擔的責任。一味的批評別人，而不反省自己的錯誤，也是許多管理者的通病。

用自嘲擺脫窘境

在我們生活中，幾乎每個人都會遇到一些讓人感到難堪的玩笑，若不知怎樣調節情緒、沉著應對，就會陷入窘迫，然而有些人卻懂得如何對付這些場面。如在一個舞會上，一位個頭偏矮的男子去邀請一個身材窈窕的女子跳舞，但女孩卻拒絕說：「我從不與比我矮的男子跳舞。」男子聽了稍愣後淡淡一笑說：「我真的是武大郎開店，找錯了幫手。」那女孩聽後面紅耳赤，反而不自在起來。當別人嘲笑你時，你表現得怒不可遏，也只會引來更大的嘲笑。最好的做法是，笑一笑自己做得很糟的事情，或笑一笑自己長相上的缺陷，平息可能發生的風波，這樣做別人反而對你不敢輕視，甚至會感到不好意思。「自嘲」的方法應是現代人平息心理煩躁的良藥。

韓國人自嘲說：「在韓國，賣高爾夫球的人多，真正能打高爾夫球的人少。」美國人自嘲說：「在美國，幫籃球明星打官司的人多，真正能打籃球的人少。」幽默一直被人們稱為只有聰明人才能駕馭的語言藝術，而自嘲又被稱為幽默的最高境界。由此可見，能自嘲的必須是智者中的智者，高手中的高手。

自嘲是缺乏自信者不敢使用的技術，因為它要你自己罵自己，也就是要拿自身的缺失、不足甚至生理缺陷來「尋開心」，對醜處、羞處不予遮掩、躲避，反而把它放大、誇張、剖析，然後巧妙地引申發揮、自圓其說，取得一笑。沒有豁達、樂觀、超脫、調侃的心態和胸懷，是無法做到的。可想而知，自以為是、斤斤計較、尖酸刻薄的人難以望其項背。自嘲誰也不傷害，最為安全。你可用它來活躍談話氣氛，消除緊張；在尷尬中自找台階，保住面子；在公共場合獲得人情味；在特別情形下含沙射影，刺一刺無理取鬧的小人。

人際交往中，在人前蒙羞，處境尷尬時，用自嘲來對付窘境，不僅能很容易找到台階，而且都會產生幽默的效果。所以自我解嘲，自己把自己胳肢幾下，自己先笑起來，是很高明的一種脫身手段。傳說古代有個石學士，一次騎驢不慎摔在地上，一般人一定會不知所措，可是這位石學士不慌不忙地站起來說：「虧我是石學士，要是瓦的，還不摔成碎片？」一句妙語，說得在場的人哈哈大笑，自然這石學士也在笑聲中免去了難堪。以此類推，一位胖子摔倒了，可說：「如果不是這一身肉托著，還不把骨頭摔斷了？」換成瘦子，又可說：「要不是重量輕，這一摔就成了肉餅了！」有這樣一個故事：一位矮個子學者的妻子嘲笑丈夫身材，這位學者笑眯眯地說：「我看還是矮點好，我如果不是一百五十七公分身短力小，我們的戰鬥妳能場場取得勝利嗎？如果不是我矮，妳能很優越地說我太短嗎？」說完，妻子無語了。由此可見，自嘲時要對著自己的某個缺點猛烈開火容易妙趣橫生，但就這份氣度和勇氣，別人也不會讓你孤獨自笑，而一般會陪你笑上幾聲的。

某人要出國進修，他的妻子半開玩笑地說：「你到那個花花世界，說不定會看上別的女人呢！」他笑說：「妳瞧瞧我這副尊容：瓦刀臉，蘿菠腿，站在路上怕是人家眼角都不瞄呢！」一句話把妻子逗樂了。人人忌諱提自己長相上的缺陷，可是這位丈夫卻能夠接受自己的先天不足，並不在意揭醜。這樣的自嘲展現了人生智慧，比一本正經地向妻子發誓絕不拈花惹草，其效果不是更好嗎？此時他在妻子眼裏，一定變得又帥又可愛。

當然，「自嘲」絕不同於自輕自賤，要掌握並運用好它，就要有自謙和自信心。只有謙虛並且自信的人才能經受住別人的嘲弄以及自己對自己的「打擊」；另外，還要自知自愛。具備這些良好素質的人，一旦受到「嘲諷」時，便可採取心理防衛措施「自嘲」，以求緩衝矛盾，取得轉化，保持平衡的心理狀態。一個懂得掌握「自嘲」的人，就等於掌握了製造愉快和擺脫困境的能力。因此，在你的生活中，面對別人的冷嘲熱諷，不妨試試使用「自嘲」這個方法，也許會收到意想不到的效果。

給別人留足面子

中國是個愛面子的國家，中國的文化是「面子文化」，有「人活一張臉，樹活一張皮」的說法。正是因為中國人愛面子，所以人際交往中，要學會給人留面子。那些人際關係處理得好的人就是很會給別人留面子的人，這樣的人往往事業有成，生活愉快。相反，有的人很有能力，本應該生活事業都很有成就，但是由於思維簡單，只顧自己痛快，不給別人留面子，最終陷入了生活不順，事業艱澀的境地。

在中國官場上，主管尤其愛面子，很在乎下屬的態度，往往以此做為考驗下屬對自己尊重不尊重的一個重要「指標」。歷史上就有很多人因為不識時務、不看主管臉色行事而倒楣，也有一些忠心耿耿的人因衝撞主管而備受冷落。現實中也有一些人無意給主管丟面子、損害主管的尊嚴、刺傷主管的自尊心，因而經常被穿小鞋、遭受整治的也比比皆是。

即使英明、寬容、隨和的主管也很希望下屬維護他的面子和尊嚴，面對刺激他的人感到不順眼。主管並不總是正確的，但主管又都希望自己正確，所以沒有必要凡事都與主管爭個孰是孰非，給主管一個台階下，維護主管的面子。主管有錯時不要當眾糾正，如果錯誤不明顯無關大局，其他人也沒發現，不妨「裝聾作啞」。如果主管的錯誤明顯，確有糾正的必要，最好尋找一種能使主管意識到而不讓其他人發現的方式糾正，讓人感覺主管自己發現了錯誤而不是下屬指出來的，一個眼神、一個手勢甚至一聲咳嗽都可能解決問題。如果主管的錯誤很大而下屬無動於衷，事後主管就可能遷怒於下屬。

藏匿鋒芒，不讓主管感到不如你。多數主管面對下屬時都希望有多方面的優勢，然而事實卻經常與他開玩笑，工作中他會經常發現下屬在某些方面有傑出表現，甚至超過自己。為了不傷主管的面子，明智的下屬應該盡力收斂鋒芒，盡力不刺激主管那固執的自尊。一個懂得給主管留面子的下屬，、總是運用一些語言上的巧，達到自己的目的。

人難免會犯錯，偉人也好，普通人也罷，隨時都可能出現和存在過失，但不管是誰，當他做了錯事的時候，內心總是充滿愧疚、悔恨、自責甚至恐懼。因此，在指出和糾正別人的過失當中是大有講究的，尤其是各級主管者或部門主管在指出和糾正下屬的過失時，應運用心理學原理，對人類共同的心理特點進行分析，運用「換位思考」的方法，多站在對方立場上，因人因事指出和糾正他人的過失。

對此，美國傑出的教育家戴爾・卡耐基在《美好的人生》一書中，提出了很好的建議：糾錯時請保足對方面子。卡耐基說：「讓他人有面子，這是十分重要的事。有些人卻很少想到這一點，經常殘酷地抹殺他人的感覺，又自以為是，比如在他人面前批評一位小孩或員工，找差錯，發出威脅，甚至不去考慮是否傷害到別人的自尊。」通常批評人不給人留面子有兩個原因使然：一是不願給他人留面子，二是不會給他人留面子。不願給人留面子，完全是「官本位」思想在作怪，「權威」思想太嚴重，「家長」作風太盛，認為對下屬和員工的批評斥責甚至咆哮怒罵都是應該的，是情理之中的，批評太「溫和」了，對他起不到觸動作用，其他人也受不到教育。如果是這樣的主管者，自身應該深刻地從思想根源上找找原因，多些民主意識，多些寬容胸懷。

給別人留面子就是尊重別人。尊重老人，老人會把自己的經驗傳授給你，會為你的事業創造和諧寬鬆的環境，甚至在關鍵時候助你一臂之力；尊重同齡人，同樣也會得到他們的尊重和支持；尊重年輕人，你會得到年輕人的擁護和尊敬。如此一來，你的人際關係就一定會很融洽，你的事業就一定會在大家的支持下蒸蒸日上。因此，尊重別人，就是尊重自己；給別人留面子，就是給自己留面子。

第九章

改變說話方式，讓別人樂意幫你

人活著就不可能無事，大事、小事、喜事、愁事、煩心事……這些事是不為我們意志所轉移的，我們必須面對，必須解決。想解決一些難辦的事，你還必須學會求助於人，必須學會求人的方式和方法，達到讓人樂意幫你的目的。因此，在說話辦事時要隨機應變，善於改變說話的方式。幽默的話題，通常能引起人感情上的愉悅；嚴肅的話題，通常會令人緊張萬分。會辦事的人，會適時的改變說話方式，能夠把各式各樣的事情辦得盡善盡美；會辦事的人，人生總是一帆風順，能夠獲得偉大的成就。

先「放下架子」，再去求人

人生在世免不了求人辦事，要想把事辦成就得通曉辦事的方法和技巧。用心利用辦事的敲門磚，要有放低姿態，「放下架子」的良好心態，與事無巨細的做事風範。善於利用身邊的一切資源，才能達到最終的目標。做人處事要有低姿態，以低姿態出現只是一種表象，是為了讓對方從心理上感到一種滿足，使他願意合作。學會在適當的時候，保持適當的低姿態，「放下架子」絕不是懦弱的表現，而是一種智慧。

「萬事不求人」只能顯示你內心的脆弱，你求人幫助時表現低姿態只是向對方說明在這件事情上，你的實力不如對方，你需要對方的幫助，與你的尊嚴無關。自古以來，凡成功者都懂得放低姿態。周文王棄王車陪姜太公釣魚，滅商建周成為一代君王；劉備三顧茅廬拜得諸葛亮為軍師，促成三國鼎立。這些都是我們耳熟能詳的故事，如果沒有文王及劉備的低姿態哪能求得赫赫成績，從而流芳百世。

在社會對人低頭，有時是你生活和工作方式中的一種，它與你的道德和氣節毫無關係。當你遇到一個很低的門時，你昂首挺胸的過去，肯定要給腦袋碰出一個包來，明智的做法只能是彎一下腰，低一下頭。你需要找工作，需要調動工作，需要開拓更廣泛的人際關係。在這所有的活動之中，你可能都處於一種求人的地位，處於一種必須表現低姿態的格局之中。

在這種情況下，必須首先學會低姿態。許多人放低姿態後就老想著別人可能會很傲慢地對待你，會輕視你，會對你視而不見，甚至會侮辱你，把你趕出門去……這樣你就退縮，就喪失了勇氣。正因為如此，你可能就打出了「萬事不求人」的招牌，寧可忍受不辦事的後果，忍受不辦事的麻煩，把事情擱置起來，也不去求助於人。這說明你是脆弱的，你怎樣看待你自己是一回事，別人怎樣看待你是另一回事，你應該把別人怎樣看待你和你自身的價值分開。當你求助於人的時候，你內心的精神支柱應是你內在的尊嚴，而內在的尊嚴是完全擺脫他人對你的看法和評價而獨立存在的。內在的尊嚴是你對你自己生命價值的肯定，它和別人的看法無關。

你去求助於別人，並不說明別人比你更有價值，或說明別人比你更有尊嚴。它只說明：在你要辦的這件事上，別人由於種種原因比你有更多的主導權。因為主導權操之於人，所以你要表現低姿態，你表現低姿態只是向對方說明在這件事情上，你的實力不如對方，你需要對方的幫助，並不說明你的人格低賤。你有你自己的優勢，而在你實力不足的領域之中，你就需要求別人辦事以解決自己的問題。正如你找醫生看病要付錢一樣，你找別人辦事就要付出一定的外在面子，這是你向對方顯示低姿態的一種具體代價。

如果你想辦成一件事情，就必須以一種低姿態出現在對方面前，表現得謙虛、平和、樸實、憨厚，甚至愚笨、畢恭畢敬，使對方感到自己受人尊重，比別人聰明，那麼在談事時他就會放鬆警戒。當事情明顯有利於你的時候，對方也會不自覺地以一種低姿態來對待你。其實，你以低姿態出現只是一種表象，是為了讓對方從心理上感到一種滿足，使他願意合作。實際上越是表面謙虛的人，是非常聰明的人，也是工作認真的人。當你表現出大智若愚來，使對方陶醉在自我感覺良好的氣氛中時，你就已經受益匪淺，並已經完成了工作中很重要的那一半了。

你謙虛時顯得他高大；你樸實和氣，他就願意與你相處，認為你親切、可靠；你恭敬順從，他的指揮慾得到滿足，認為與你很合得來；你愚笨，他就願意幫助你，這種心理狀態對你非常有利。相反，你若以高姿態出現，處處高於對方，咄咄逼人，對方心裏會感到緊張，而且會產生一種逆反心理。因此，為了把事情辦成，不妨常以低姿態出現在別人面前，放下自己的架子。

言辭懇切，突顯誠意

在生活中，如遇見難以克服的困難，常常求助於親朋好友。

然而，求助的結果卻往往出現迴然不同的情況：有的人用詞得當，說得被求助者心情愉快，並真心誠意地給予幫助；而有的人因為談吐不當，弄得被求助者心急氣惱，而使求助者不僅得不到幫助，而且有時還傷了和氣。可見要想求得朋友的幫助，也是有學問的。

求助者要想在求助時有所收穫，就應以信任的態度，真實地把相求事宜告訴對方，讓對方掌握第一手資料，為給求助者以幫助創造出必要的條件和感情基礎。要做好這一點，是非常關鍵的。要講真話，不說謊話。因為說謊話會使被求助者聽後難辨真假，幫助也是無從下手。

如果求助者將事實真相和盤說出，被求助者的信任感和熱情心就會油然而生，進而不僅能接受請求，甚至會全力相助；另外，還要講實話，不講大話。生活中常常見到有些人明明是主動上門求人，但為了顧全自己的面子和維護個人的聲譽，在介紹情況時，故意把大事化小，難題化易。

求人一定要誠實、懇切地說。有這樣一個故事：齊、韓、魏三國攻打秦國，侵入函谷關。秦王對樓緩說：「三國的兵力很強大，我想割讓河東以求和，不知如何？」樓緩說：「此事關係重大，為什麼不召見公子他來商討此事呢？」於是秦王召見公子他來談論此事。公子他說：「講和也要後悔，不講和也要後悔。」「為什麼？」「大王割讓河東之地講和，三國雖然收兵離去，大王卻必然要說：可惜土地了！白白把三座城送給了他們。這是講和的後悔。」「那麼不講和的後悔呢？」「大王如果不講和，三國攻過函谷關，咸陽必定危險。大王一定又會說：可惜，我們吝惜三座城而不去講和，結果導致國家淪喪。這就是不講和的後悔。」於是秦王說：「既然都是後悔，我寧可因為失掉三座城而後悔，也不願使咸陽遭到危險而後悔。所以，我決定講和。」秦王於是派公子他用三座城和三國講和，三國的軍隊這才退出。

公子他並沒有直接做出是否講和的結論，他只是向秦王陳述講和與不講和之間的利害，讓秦王自己選擇結果。利與害是再明顯不過的事實了，人只要有理智，都能夠做出正確的選擇。大多數的情況下，求人者說服別人時，實在不用費盡心思去想種種謀略或手段，只需正確地陳述利與害就足夠了。因此，這種方式實際上是最常用、最直接的說服方式。

求人要會交心。要想得到別人真誠的幫助，那麼對人一定也要以誠相待，說清事情原委，癥結所在，以喚起人家的同情、熱情，以助你一臂之力，幫助解決問題和困難。

反之去求人，又不說明怎麼回事，對人虛虛實實，連藏帶掖，使人覺得你不是信任他，只是一種利用，心中會添反感、不快，弄不好你得到的便是「委婉拒絕」。

求人時還要注意自己的態度。奪取與給予，求人與助人，總是前者羞於開口，沒有後者來得舒坦、瀟灑。因此，求人辦事，態度很重要，一般說來，都是恭敬有禮、誠懇真誠的。這可以與「求」相關的詞語中看出，如「請求」、「哀求」、

「祈求」、「懇求」、「央求」、「追求」，哪個態度不好？講態度，要反對兩種傾向：

一是對人生硬死板，不善周旋，特別是地位高者，財力厚者，或手持熟人「字條」者，給人一種居高臨下，非辦不可的威壓。

二是過於卑瑣，豪無骨氣，為達到目的，喪失身份，乞求告憐，任人奚落、弄耍，事情雖然辦了，但人格丟失殆盡。

求人時要學會說話，求人有多樣的方式，其中很大部分是由口頭提出的。人們不難發現，同樣的請求內容，不同的人用不同的方法和語言表達出來，得到的結果常常是不一樣的。請求語言要做到誠懇、禮貌，不強加於人。誠懇是指要讓被請求者感到你是發自內心地求助於他，因此重視你的請求，這是求人成功的先決條件。禮貌是指應該儘量選用請求者樂意接受的稱呼，像在問路、請求讓座時，這一點就顯得非常重要。問路時，稱對方為「老頭」、「小孩子」，那你肯定一無所獲；若改用「老人家」、「小朋友」等，效果就會好些。不強加於人是指不用命令、指使的語氣，而多用委婉、徵詢的口氣，例如，盡可能地使用「麻煩……」、「勞駕……」、「可以……嗎？」這類句子。

總之，在求人辦事時，言辭要懇切，態度要誠懇，這樣才能表露出自己的誠意，也才能得到別人真誠的幫助。

「戴高帽」，強調對方的能力

「戴高帽」就是把一個人的優點、專長、名譽、地位等美好的一面，用恰當的話語表達出來，並讓對方樂於接受，從而起到鼓勵、鞭策、警醒、勸告等作用。據心理學家調查分析，當一個人因失意、受挫、暴怒、悲傷而情緒低落的時候，迫切需要有人對其勸導和安慰，包括恰到好處地戴高帽，以調節心理、增強信心、走出低谷、恢復常態。戴高帽區別於阿諛奉承、討好賣乖之類的庸俗言行，它必須針對對方的實際，把好話說圓，給人以真誠感，令對方心悅誠服。因此，它是人際交往中一種常用的說服技巧，如果運用得當，對促進人際交往會有意想不到的效果。

有這樣一個故事，講的是關公死後，玉皇大帝命他守住南天門，以防小人逃脫出境。此關公生前忠義兩全，最痛恨逢迎之小人，死後亦然。某日小人，鬼鬼祟祟的沒有出境護照就想蒙混過關，卻被眼前的關公逮住。只見那小人胸有成竹地對關公說：「關老爺，我知道您在世間是一位最正直的人，這誰不知道啊！劉皇叔愛慕您是忠義兩全的將才，那曹操也是敬您三分。因此，普天之下我最敬仰崇拜的人只有您。說完看看關公，只見關公頻頻點頭，接著手一揮，也不查問，該小人順利過關。」這個故事可見高帽的威力無邊，連忠義雙全的關公也難免向高帽低頭。

有一青年，每次和女友約會時，就在她面前清唱那首當年李敖為胡茵夢而作的詩：「不看妳的眼，不看妳的眉，看了心裏都是妳，忘了我是誰。」女友問他為什麼總是念這首詩，他說，因為妳長的和胡茵夢一樣的氣質，一樣迷人，尤其妳的眼睛，比胡茵夢還要胡茵夢。每次她聽了這話都如癡如醉，高興不已。還有一位老兄長得貌不驚人，學識不高，他的妻子卻對他百般體貼。有人問他的「克」妻之道？他說很簡單，常給她高帽戴。怎麼戴？每次和她一起時，就清唱：「愛妳永遠不後悔，除了妳此生又有誰？」

人們之所以喜歡高帽，是因為我們每個人都渴望被讚美和肯定，而高帽正好迎合了人們的這種慾望。高帽運用的好，便能將別人掌握在自己的手中。據說，美國鋼鐵大王安德魯的成功秘訣之一，便是善於給員工戴高帽。他專門聘請了一位名字叫夏布的高帽戴，不放過任何機會，給下屬送高帽。通過給員工高帽戴，牢牢記住員工們的心。許多商店的售貨員為了擴大銷售，也很會給顧客戴高帽。某位小姐在櫃檯前試穿衣服，旁邊的售貨員就會說，您穿這件衣服真漂亮，既高貴又典雅，您走在街上也許有人會認為您是哪位明星……直到這位顧客樂呵呵地買下了這件衣服。

有句話說，釣什麼魚，放什麼餌；見什麼人，說什麼話。給人高帽戴也是如此，不能亂戴。給人戴高帽的最佳途徑不是從他的事業、才學、品德方面下手，而是從他的相貌下手。因為一個人不論長相如何，都可以對他說，瘦子身體健康能吃、能喝、能跑、能跳；看到胖子你可以對他說，心寬體胖一生衣食不缺；對鼻子大的你可以說，懸膽鼻，主富貴；鼻子扁的你可以說，他好脾氣性情溫和；眼睛大的你就說他，明亮有神，閃耀智慧；臉有麻子你說他，麻子三分貴；禿頭的你說是，智者的象徵。那些溢美之詞確實有一種讓人難以抗拒的魔力。

讓他覺得「非我不可」

美國著名的成功學大師，戴爾・卡耐基曾經說過這樣的話，他說：「一個人事業上的成功，只有一五％是依賴於他的專業知識和技能，而八五％則是依靠他的人際關係和處世能力。」因此，要想在工作和生活中有所發展，就難免會遇到求人的時候。而求人辦事對於每個人來說都是件令人頭疼的事情，要想讓人誠心誠意的幫助你，要想讓人非幫你不可，那就要採取一定的方法。

用虛話套實話，做實在人、說老實話是求人辦事的一條原則，但一味地實話實說也未必能達到求助目的，這就需要你採用避實就虛法。有一位職員想託好友王局長為自己辦事，忽然聽說他出事「進去了」，又不知是真是假，就特意到王局長家探望。家中確實只剩下局長夫人自己，滿臉憂愁地坐在一旁嘆氣。那位職員開口問說：「王局長沒在家呀？」王夫人長嘆一聲說：「唉！老毛病又犯了，昨天又住進醫院了……」設想，如果那位職員用實話詢問王局長是否真的「出事」了，那將會是怎樣的場景呢？

藉開玩笑訴說實事。幽默的話題，通常能引起人感情上的愉悅；嚴肅的話題，通常會令人緊張萬分。求人辦事時，最好能將嚴肅的話題用幽默的方式表達出來，這樣對方也容易接受。曉芳在一家公司工作，在短短的時間內，她連續兩次向公司提出合理的建議，使生產成本降低了五%。公司老闆很高興，對她說：「曉芳，好好幹，我不會虧待妳的。」曉芳當然知道這句話可能意義非常重大，但是她不需要虛渺的表揚，她想追求一點實在的東西，便呵呵一笑，說：「我想老闆你會把這句話放到我的薪水袋裏的。」老闆會心的一笑爽快地回答說：「會的，一定會的。」不久，她的薪水便上漲了一倍。面對老闆的鼓勵曉芳如果不這樣俏皮，而是莊重嚴肅地提出加薪請求，並擺出種種理由，那樣的話，一定不會收到出奇的效果。

繞個彎子套對方的話，有些話倘若自己說出口會顯得非常尷尬。如果巧妙引導對方先開口，這無疑是條上策。小王想要借助好友小李的門路做筆生意，當他將一筆款項轉交小李的第三天，小李不幸出車禍死亡。小王頓時陷入一種兩難境地：如果開口索討款項，會給小李的太太帶來很強的刺激；如果不提及此事，自己的局面又無法支撐。辦完喪事後小王對小李的太太這樣說：「真沒想到李哥會走得這麼快，我們的合作才剛開始呀！這樣吧，嫂子，李哥的那些客戶妳都認識，妳就出面將這筆生意繼續做下去吧！需要我幫忙的時候妳儘管說，吃苦費力我都不怕。」表面聽來小王沒有絲毫的追款之意，還語帶真誠，其實他明明知道小李的太太已經沒有心思再將生意做下去了。結果，小李的太太反而安慰了小王一番：「兄弟，這次出事讓你在生意中受到了損失。我也沒辦法再做下去了，你還是將錢拿走再尋找合作夥伴吧！」小王在說話時巧妙繞了個彎，便達到了自己索討款項的目的。

溫語相求，用商量的口吻向對方說出自己要辦的事，是一種巧妙的辦法。裝做自己沒有任何把握，將建議與請求等慢慢表達出來，給對方和自己留下一條退路。比如說：「這件事我辦起來很困難，你試試如何？」適時催問別人幫你辦的事。催問別人時要注意言語的分寸，要使用誠懇的語氣，千萬不能用態度生硬的話語，諸如：「我的事怎麼還沒辦呢？」「不是說今天就能辦嗎？為什麼說話不算數呢？」等等。另外，不能情緒急躁，要有耐心、有恒心，不厭其煩地拜訪求助。

有些事很難辦，所以就要記住「好事多磨」的功夫。要有耐心，這樣別人才肯一如既往的幫助你。求人辦事的時候，要有忍性和毅力，要看清各種利益所在，找對自己的方向，你才能節節攀升，達到目標。

山峰不是每個人都能爬上去的，總會有人在高處，有人在低處。所以每個人總會有求人辦事的那一天，而求人辦事不可沒技巧，否則肯定是載興而去，敗興而歸。但也千萬別把求人辦事看得比登天難，當掌握了求人辦事的基本技巧後，只要活學活用，你會發現，其實求人辦事也不是想像中那麼難。

拿出實力，讓他覺得幫你有價值

當今社會，良好的人際關係對一個人事業的成功尤為重要，而建立人脈關係就要建立你的價值。這裡的「價值」，換個更貼切的說法就是「被利用價值」，在人脈關係面前，冷靜問問自己：你對別人有用嗎？你無法被人利用，就說明你不具有價值，你越有用，你就越容易建立堅強的人脈關係。

很少人能和與自己地位相差太遠的人，建立真正的人脈關係。因此，即使我今天有幸通過與李嘉誠建立了聯結，他也不會對我有興趣。如同建立品牌一樣，一個人與其匆忙花費精力漫無目的認識朋友，不如事先確定好自己的價值定位，然後針對目標顧客有針對性地傳播。

人在每個階段，取決於自己的能力和目標，都有不同的價值定位。當你還是一個大學生，你的價值可能在於你成績很棒，或者是足球踢得特別好，也可能是你很帥，大家覺得和你在一起有面子。實在不行，你還可以有體力，很熱情願意去跑腿；最糟糕的（但也不是壞事），很有錢，總樂於買單……你工作後，或許你是一個電腦高手，或許是一個品牌專家，總願意出謀劃策，或許你認識很多媒體，善於用筆桿子為人解決問題，或者你在生產製造方面很有經驗，當然，如果你有很多錢，那麼你處於食物鏈的頂端，資本最有價值。

一個老好人，固然有趣但毫無用處，但一個總不願被人利用的精明人，也難以建立真正的人脈關係。在日常交往中，要學會充分的展示自己的能力，要善於向別人傳遞你的「可利用價值」，從而促成交往機會，彼此更深入地瞭解和信任對方。

大多數人是在幾秒鐘或一分鐘之內就判斷和你交往是否有價值，甚至決定是否要與你交往。除非你是眾人皆知的李嘉誠，也不想做退隱鄉村的文化人，否則還是老實寫清楚職位較好，畢竟這代表了你當前的價值。你不尊重自己的價值傳遞，也說明了你不尊重別人。

另外，向他人傳遞他人的價值，成為人脈關係的一個關鍵。在現實生活中，我們經常遇到這樣的情況：某個很好也很有價值的朋友，但是一年也難得碰上一次面（而這種朋友即使碰面，又常常只停留在握手喝酒閒談中）。大家都很忙，這固然沒錯，但是用人脈關係來說，就是一種「沉澱資源」，沒有產生應有的效益。

還有當你和某個朋友聚會，說起一件難以處理的技術難題，這個朋友突然拍著大腿說：「我有個十多年的好朋友，他是這方面的專家，他完全可以幫你解決！你為什麼不早說呢……」，是呀，你為什麼不早說？因為之前你從來沒有聽說過他有這樣一個朋友啊。而另外一個朋友，他似乎總有各種關係而且善於提供幫助，你在電話中提到一件生產的麻煩，因為你知道他認識好幾個這方面的專家，通常在你電話剛掛斷的時候，他電話又打進來了，因為他已為你約好了其中兩個朋友，今天晚上就見面，為你提供解決建議；當然，他還說順便有另外一個新投資項目要諮詢你，希望你邀請你另外一個朋友也能參加聚會，大家認識認識；這種人脈關係則發揮了最大的價值。

你很有價值，你身邊也有很多朋友各有自己的價值，那麼為什麼不把他們聯繫起來，彼此傳遞更多的價值呢？如果你只是接受或發出資訊的一個終點，那麼人脈關係產生的價值是有限的；但是，如果你成為資訊和價值交換的一個樞紐中心，那麼別的朋友也更樂意與你交往，你也能促成更多的機會，從而鞏固和擴大自己的人脈關係。所以尋找並且建立自己的價值，然後把自己的價值傳遞給身邊的朋友，並且促成更多資訊和價值的交流，這就是建立強而有力人脈關係的基本邏輯。

即使遭到拒絕也要感謝對方

求人辦事過程中，被人拒絕是常有的事。一時的拒絕並不等於事情從此無望，如果能正確分析對方拒絕的心理原因，根據實際情況採取不同的處理方法，就有可能使自己的請求出現新的轉機，退一步來說，不能立即使對方改變態度，也能給對方留下良好的心理印象，為以後的交往打下一定的基礎。

對於遭到拒絕，我們要做到幾點：第一，不要過分堅持。對方既已拒絕，必有原因，如果過分堅持自己的要求，不但會使對方為難，而且也會使自己陷於被動。一旦被堅決地拒絕，不僅心理上將很難接受，將來也會沒有迴旋餘地。第二，不要過分追究原因。的確，被拒絕的心理是很不好受的，任何人都想知道原因，但是如果窮追不捨地纏住對方，非問清原因不可，往往會破壞雙方感情。第三，保持禮貌。人生不如意的事很多，又何必在區區小事上計較個沒完。被人拒絕後仍然要做到豁達大度，不抱成見。當你領會到對方拒絕的心理時，不妨自己把話打斷，乾脆表示沒關係，反過來再安慰對方幾句，請他不必介意。對方會感到過意不去，說不定以後還會主動地幫你忙呢。最後，也是最重要的一點，就是即使遭到拒絕也要向對方表示感謝。

「謝謝」這句話雖然只有兩個字，但如運用得當，卻會讓人覺得意境深遠，魅力無窮。在必要之時，對他人給予自己的關心、照顧、支持、鼓勵、幫助，表示必要的感謝，不僅是一名商界人士應當具備的教養，而且也是對對方為自己而「付出」最直接的肯定。這種做法，不是虛情假意，可有可無，而是必須的。在這方面，「訥於言而敏於行」，弄不好會導致交往對象的傷感、失望和深深的抱怨。

感謝，是一種讚美。對它運用得當，可以表示對他人的恩惠領情不忘，知恩圖報而不是忘恩負義、過河拆橋之輩。在人際交往中，人們必定會因為自己不吝惜這麼簡短的一句話，而贏得更好的回報。在人際交往中，需要人們認真地對他人說一聲「謝謝」的機會非常之多。受到他人誇獎的時候，應當說「謝謝」，這既是禮貌也是一種自信。旁人稱讚自己的衣服很漂亮、英語講得很流利時，說聲「謝謝」最是得體。獲贈禮品與受到款待時，別忘了鄭重其事地道謝。這句話是肯定也是鼓舞，是對對方最高的評價。得到主管、同事、朋友、鄰居們明裏暗裏的關照後，一定要去當面說一聲「謝謝」。在公共場合，得到了陌生人的幫助，也應該立即致以謝意。

當你在生活中遇到麻煩、困難或者不幸時，期許很快能得到他人熱心的幫助。得到他人幫助之後，你自然會想到感謝。對他人的幫助表示由衷的感謝，這是完全應該的，也是人之常情。但是，你得知道如何感謝，這也是有點講究的。感謝他人有一些常規可以遵循，在方式和方法上，有口頭道謝、書面道謝、托人道謝、打電話道謝之分。一般來講，當面口頭道謝效果最佳。專門寫信道謝，如獲贈禮品、赴宴後這樣做，也有很好的效果。打電話道謝，時效性強一些，且不易受干擾。托人道謝，除非是人家出面，效果就差一些了。感謝他人，還有場合方面的考慮。有些應酬性的感謝可當眾表達，不過要顯示認真而莊重的話，最好「專程而來」，應於他人不在場之際表達此意。

感謝能溫暖心靈，消除隔閡，給人以更多的快樂和勇氣；感謝能驅散寂寞，緩解痛苦，給人以更多的友情與溫馨；感謝能使生活中充滿更多的歡樂與幸福；感謝能使人們得到更多的善意與寬容。學會真誠地感謝，感謝生活中向我們伸出的每一雙援助之手，還有每一顆真誠的心。讓我們在感謝中奉獻真情、擁抱歡樂，讓我們在感謝中珍愛友情、擁有幸福。

國家圖書館出版品預行編目資料

說別人想聽的話，就對了！/阿瑞斯著； -- 初版. -- 臺北市：
種籽文化,2017.11
面； 公分

ISBN 978-986-94675-6-8(平裝)

1.說話藝術 2.口才 3.溝通技巧

192.32　　　　106019938

小草系列 16

說別人想聽的話，就對了！

作者 / 阿瑞斯
發行人 / 鍾文宏
編輯 / 編輯部
美編 / 文荳設計
行政 / 陳金枝

出版者 / 種籽文化事業有限公司
出版登記 / 行政院新聞局局版北市業字第1449號
發行部 / 台北市虎林街46巷35號1樓
電話 / 02-27685812-3傳真 / 02-27685811
e-mail / seed3@ms47.hinet.net

印刷 / 久裕印刷事業股份有限公司
製版 / 全印排版科技股份有限公司
總經銷 / 知遠文化事業有限公司
住址 / 新北市深坑區北深路 3 段 155 巷 25 號 5 樓
電話 / 02-26648800 傳真 / 02-26640490
網址：http://www.booknews.com.tw(博訊書網)

出版日期 / 2017年11月　初版一刷
郵政劃撥 / 19221780戶名：種籽文化事業有限公司
◎劃撥金額900(含)元以上者，郵資免費。
◎劃撥金額900元以下者，若訂購一本請外加郵資60元；
劃撥二本以上，請外加80元

定價：280元

種籽文化

種籽文化